W0287670

idées
reçues

Le Moyen Âge

idées
reçues

Le Moyen Âge

Laure Verdon

Histoire & Civilisation

Le Cavalier Bleu
EDITIONS

Laure Verdon

Agrégée d'histoire, docteur en histoire médiévale, maître de conférences en histoire médiévale à l'université de Provence (Aix-en-Provence), ses recherches portent sur les formes et expressions du pouvoir étatique et seigneurial dans les sociétés méridionales (Catalogne, Provence) entre XIe et XIVe siècle et sur l'histoire des femmes.

Du même auteur

– *La Terre et les hommes en Roussillon aux XIIe et XIIIe siècles : structures seigneuriales, rente et société d'après les sources templières*, Aix-en-Provence, PUP, 2001.
– *Le Moyen Âge*, Paris, Belin (collection Sujets), 2003.
– Deux participations à des ouvrages collectifs (chargée des chapitres sur le Moyen Âge) : *Nouvelle histoire du Roussillon*, sous la direction de J. Sagnes, Perpignan, éditions du Trabucaïre, 1999 et *Histoire des Bouches-du-Rhône*, à paraître courant 2005 aux éditions Privat.

La collection « Idées Reçues »

Les idées reçues sont tenaces. Nées du bon sens populaire ou de l'air du temps, elles figent en phrases caricaturales des opinions convenues. Sans dire leur origine, elles se répandent partout pour diffuser un « prêt-à-penser » collectif auquel il est difficile d'échapper...

Il ne s'agit pas ici d'établir un *Dictionnaire des idées reçues* contemporain, ni de s'insurger systématiquement contre les clichés et les « on-dit ». En les prenant pour point de départ, cette collection cherche à comprendre leur raison d'être, à déceler la part de vérité souvent cachée derrière leur formulation dogmatique, à les tenir à distance respectable pour offrir sur chacun des sujets traités une analyse nuancée des connaissances actuelles.

Vous souhaitez aller plus loin ? **www.ideesrecues.net**

Moyen Âge [mwajɛnaʒ] – Le terme « Moyen Âge » est né au milieu du XVe siècle, à la fois dans l'Italie de la Renaissance et la France de la guerre de Cent Ans finissante. On le trouve pour la première fois en 1469, sous la plume de Giovanni Andrea dei Bussi dans l'avant-propos de son édition d'Apulée. Pour les humanistes, les *Media Tempestas* désignent, en effet, la période qui a immédiatement suivi l'Antiquité et qui leur est, en partie, contemporaine. C'est une époque tenue pour sombre car postérieure à la chute de l'empire romain d'Occident (en 476), événement longtemps considéré comme ayant marqué le naufrage de la culture latine. De ce fait, si l'expression « temps moyens » peut être employée de façon neutre à partir de l'époque moderne, pour désigner des temps intermédiaires situés entre Antiquité et Renaissance, le terme recèle également, dès l'origine, une connotation négative (les temps médiocres et obscurs) qu'il conserve, dans le langage courant, jusqu'à aujourd'hui.

L'adjectif « médiéval », formé au XIXe siècle sur la forme latine de Moyen Âge (*medium aevum*) est synonyme de moyenâgeux, tout en ne portant pas sa connotation négative.

Introduction 9

Des temps obscurs et malheureux

« Le Moyen Âge est une époque archaïque. »..... 13

« L'an Mil fut un temps de terreurs. »............ 19

« La peste a décimé l'Europe au
bas Moyen Âge. ».................................... 25

« Tous les paysans étaient des serfs. »............ 31

Bêtes, sales et méchants

« Seuls les moines possédaient le savoir. »......... 39

« Il n'y avait aucune hygiène. »..................... 45

« C'étaient des temps cruels. »....................... 51

« On brûlait les sorcières. » 59

Le temps où l'Église était toute-puissante

« On était obligé de croire en Dieu. »............ 67

« L'Église était très riche. » 75

« Le Moyen Âge est le temps des Croisades. ».... 81

« Les Templiers ont caché un trésor. » 87

Les lumières du Moyen Âge

« L'amour courtois a permis la promotion de la femme. » 95

« La nature était préservée. » 101

« C'est au Moyen Âge que l'on assiste à la naissance des universités. » 107

« Le Moyen Âge est l'époque des bâtisseurs de cathédrales. » 113

Conclusion 119

Annexes

Glossaire 122

Bibliographie 124

La civilisation médiévale se définit par le morcellement de l'autorité politique et le recul de la notion d'État ; par une économie à dominante agricole ; par une société cloisonnée entre une noblesse militaire qui possède la terre et une classe paysanne asservie ; par un système de pensée fondé sur la foi religieuse et défini par l'Église.

Le Grand Larousse, 1994

L'idée que l'on se fait communément du Moyen Âge, résumée de manière caricaturale par cette définition du dictionnaire, relève pleinement de l'esprit de cette collection. Aucune autre période de l'Histoire n'a, en effet, cristallisé autant de poncifs, que les travaux des historiens ne cessent cependant de remettre en cause. Sans doute, est-ce dû au fait que le Moyen Âge n'est pas une période facilement appréhensible : longtemps définie uniquement en négatif par rapport aux époques l'ayant précédé ou suivi, couvrant dix siècles, on la divise généralement en trois, distinguant le haut Moyen Âge (Ve-Xe siècle) du Moyen Âge classique (XIe-XIIIe siècle) et du bas Moyen Âge (XIVe-XVe siècle).

Le haut Moyen Âge s'ouvre, traditionnellement, en 476 lorsque l'Empire romain d'Occident cède la place aux royaumes germaniques. L'historiographie de cette époque fut longtemps dominée par le mythe des « invasions barbares », les peuples venus s'installer en Occident à partir du Ve siècle étant censés l'avoir fait dans la violence. Or, depuis une vingtaine d'années, l'archéologie a permis de revenir largement sur cette idée en mettant l'accent sur la fusion progressive des peuples. Le haut Moyen Âge est également l'époque de la mise en place des caractéristiques de l'Église d'Occident et de la royauté médiévale, fondée sur le sacre du souverain, la collaboration avec l'Église et la mission qui en découle. Elles furent portées à leur apogée, au IXe siècle, par la dynastie carolingienne dans le cadre de l'empire fondé par Charlemagne.

Les Xe et XIe siècles ont souvent été vus comme un temps de ruptures radicales. Sur le plan politique, en 843, l'empire disparaît au profit de royaumes et de principautés. La puissance est exercée, à partir du milieu du XIe siècle, par de petits seigneurs châtelains, qui tirent parti de la croissance démographique et économique qui s'installe. Des liens féodaux et vassaliques les unissent entre eux et avec les plus puissants. Ils leur permettent de contrôler forteresses, hommes et terres. Ces liens sont utilisés aux XIIe et XIIIe siècles par les princes et les rois pour étendre leur pouvoir. Le Moyen Âge central est, également, le temps de la réforme de l'Église, de la transformation de la papauté en une véritable puissance monarchique, de l'élaboration, enfin, d'une culture savante et urbaine.

Dès le début du XIVe siècle s'amorcent des crises en partie dues à des changements climatiques qui entraînent une série de mauvaises récoltes entre 1315 et 1317. Les conflits armés, notamment la guerre de Cent Ans, les épidémies de peste deviennent endémiques et plongent l'Occident dans une récession démographique et économique dont il ne sortira qu'au milieu du XVe siècle. Ces deux derniers siècles ont ainsi, longtemps donné le ton et conféré à l'ensemble de la période une image sombre et malheureuse. Le haut Moyen Âge n'a, cependant, été guère mieux traité, considéré comme une époque barbare et violente.

Qu'en est-il réellement ? D'où viennent les idées reçues attachées à cette époque ? C'est, ainsi, au travers de quatre chapitres, organisés autour des idées les plus profondément ancrées dans l'imaginaire collectif, que le lecteur est invité à (re)découvrir cette période.

DES TEMPS OBSCURS ET MALHEUREUX

« Le Moyen Âge est une époque archaïque. »

Le Moyen Âge, ces siècles de fer,
grossiers et barbares !

Voltaire, *Essai sur les mœurs*, 1756

Ce que le sens commun entend par « archaïque » qualifie tout ce qui, sur le plan des techniques, est jugé comme arriéré et dépassé. L'époque médiévale est ainsi stigmatisée, dans l'imaginaire collectif, comme rétive à tout progrès.

Lorsque l'on évoque le domaine des techniques et des modes de production médiévaux, on pense d'abord à celui de l'agriculture. Dans le modèle idéologique que représente la division tripartite de la société médiévale, distinguant, à partir du XIe siècle, « ceux qui prient » de « ceux qui combattent » et « ceux qui travaillent », les *laboratores* – le troisième groupe – sont en effet avant tout des *aratores* – ou agriculteurs – dont dépend la survie des deux autres ordres. Le Moyen Âge serait ainsi une époque d'archaïsme rural, aux méthodes et savoir-faire situés bien loin de la « révolution agricole » liée à la mécanisation que connaît l'Europe à partir du XVIIIe siècle. Or, si la période médiévale peut être considérée, en effet, comme une phase durant laquelle les niveaux de productivité et de production demeurent bas, cela ne signifie pas, pour autant, que l'Occident n'ait connu aucune évolution technique entre V^e et XVe siècle, ni que les technologies mises en œuvre se soient révélées, somme toute, inefficaces.

Car la question du « progrès » technique doit être ici liée à celle, plus générale, de la « croissance ». En ce domaine, les médiévistes s'accordent, à l'heure actuelle, pour distinguer deux phases d'essor, d'inégale ampleur, ayant concerné l'Europe durant la période dite carolingienne d'une part (VIIIe-IXe siècle), et à partir de la fin du Xe siècle jusqu'à la fin du XIIIe siècle d'autre part. On assiste ainsi, entre VIIIe et XIIIe siècle, à une diffusion, lente et progressive, d'un nouveau mode de culture combinant un outillage agricole renforcé et plus efficace (utilisation du fer, essor de l'usage de la charrue munie d'un versoir, de la herse et de la faux pour la fenaison) avec la pratique de la rotation des cultures sur une même parcelle, la diversification des types de céréales cultivées ainsi qu'une meilleure maîtrise des sources d'énergie (notamment l'eau, par le biais des moulins hydrauliques, qui transforment les productions rurales et constituent les véritables « moteurs » des campagnes, dès le IXe siècle, car la grande majorité des domaines ruraux y ont accès dans un rayon de 10 km). Tout ceci rend possible, dès l'époque carolingienne, un essor des rendements et un accroissement des surfaces cultivées.

L'agriculture médiévale subit une extrême variabilité des productions, car elle repose, en fait, sur une équation qui oppose une production vivrière domestique et intensive sur de petites parcelles, à la céréaliculture extensive pratiquée sur de vastes espaces et dans le cadre de l'économie seigneuriale. Or, le système seigneurial, sous la forme du grand domaine puis de la seigneurie foncière, représente bel et bien, par les capacités d'organisation collective qu'il génère, un *stimulus* dans l'adoption de nouvelles techniques.

Au fond, la véritable question soulevée par l'a priori d'archaïsme accolé à l'époque médiévale est celle des capacités d'innovation technique permises par les cadres supposés contraignants dans lesquels s'inscrivent les productions durant cette période.

Cette question touche à la notion de travail et à la façon dont les hommes du Moyen Âge ont considéré ces différents secteurs d'activité, au miroir de la Bible. Le récit de la Genèse campe le travail comme une punition divine, cependant que les Évangiles valorisent, au contraire, cette activité en faisant du Christ incarné le fils d'un charpentier. Elle a trait, également, à la définition de l'artisanat, à l'organisation des secteurs « de pointe » des activités industrielles médiévales et au rôle social que l'on attribue aux artisans.

Durant le haut Moyen Âge, les principales activités artisanales se situent à la campagne, au sein des grands domaines ruraux – l'archéologie a ainsi pu restituer pour le monastère de Saint-Vincent-au-Volturne, près de Spolète en Italie, un quartier entier de potiers. Ces opérations, dont certaines dépassent le cadre strict de l'économie domestique, se distinguent aux yeux des puissants en ce qu'elles nécessitent la maîtrise de techniques et d'un savoir-faire spécifiques. Ainsi, le capitulaire* *De Villis* (daté des environs de l'an 800) énumère les types d'artisans idéalement attachés au service du souverain dans le cadre des domaines fonciers relevant du fisc : on y trouve aussi bien des forgerons et orfèvres que des charpentiers, fabricants de savon, boulangers, maîtres-brasseurs et mineurs. La métallurgie, par le biais de la forge qui permet de travailler aussi bien le fer que l'or et l'argent, représente sans doute, durant les VIe-IXe siècles, le secteur d'activité artisanale le plus valorisé. L'exemple le plus spectaculaire est représenté par la tombe du « forgeron-orfèvre » de la nécropole d'Hérouvilette (Calvados, milieu du VIe siècle) dont

* *Les mots signalés par un astérisque renvoient au glossaire en fin d'ouvrage.*

le mobilier funéraire comportait des armes, signe de pouvoir dans la société mérovingienne, mais aussi des pièces de parure ainsi qu'une trentaine d'outils.

D'autres types d'activité artisanale peuvent également générer une forme de valorisation sociale, entre XIIe et XVe siècle cette fois, due tant à la possession d'un savoir-faire qu'à la faveur princière. Ce sont, par exemple, les métiers liés aux arsenaux, les mines et la métallurgie, la papeterie et le travail du verre ou encore, à partir de la fin du XVe siècle, l'imprimerie. Dans le domaine de la navigation, les évolutions techniques sont également spectaculaires passées les années 1440.

Le cas du textile et de son organisation est plus complexe mais tout aussi révélateur de l'ambiguïté dans laquelle l'artisan et le domaine des techniques peuvent se trouver au Moyen Âge. La fabrication de tissus, de laine ou d'autres fibres, est très largement répandue dans les campagnes et les villes européennes. Elle a donné lieu, en deux régions au moins – la Flandre et la Toscane –, à la mise en place d'un système de production rationnel, dit du « capitalisme commercial », au sein duquel le marchand, propriétaire des matières premières et du produit fini, fournit le travail à l'ensemble des métiers intervenant aux différents stades de la chaîne technique de production. Ces métiers peuvent être organisés – entre autres possibilités telle celle du travail à domicile – dans le cadre de ce que l'on nommera à l'époque moderne des corporations, cadres perçus comme rigides et hostiles aux innovations techniques en ce qu'elles peuvent générer un surcroît de production pour certains ateliers. Or, le système des métiers urbains repose sur un contrôle strict de la production et une certaine égalité entre les maîtres des ateliers afin de garantir le monopole de l'activité, dans le cadre de la ville, aux seuls membres de la corporation. Pour autant, toute évolution technique n'est pas bannie, comme en témoigne le cas du travail de la laine à Florence, aux XIVe et XVe siècles, dont l'organisation rationnelle fut régie tant par la raison marchande que par les innovations techniques.

Car les producteurs du Moyen Âge, comme à toute époque, ont adapté leurs choix techniques à la vie économique et à ses enjeux. Ainsi, à partir du XVe siècle peut-on vraiment considérer que la logique de la rationalisation a succédé, dans les mentalités et les pratiques, à celle de la maîtrise des sources d'énergie et de l'essor des productions, qu'à l'ère de l'artisanat a fait place celle de l'industrie capable de fournir des produits de série en grande quantité. L'innovation technique représente alors la richesse de « l'ingénieur » – un terme apparu dans le courant du XIIIe siècle pour désigner notamment le maître-maçon responsable de l'organisation d'un chantier de construction urbain – au service du Prince, et la technique le moyen de dominer le monde.

« L'an Mil fut un temps de terreurs. »

Cette fin du monde si triste était tout à la fois l'espoir et l'effroi du Moyen Âge.

Jules Michelet, *Histoire de France,* 1833

D'où vient l'idée selon laquelle l'an Mil sonnerait la fin des temps ? Pour répondre à cette question, il faut d'abord se pencher sur le texte biblique et l'interprétation qui a pu en être donnée au Moyen Âge.

Le dernier livre du Nouveau Testament – l'Apocalypse, ou Révélation, de saint Jean – contient l'annonce, sur le mode visionnaire, de la fin des temps qui surviendra au bout d'une période de mille années consécutives à la naissance du Christ, ce dernier revenant alors pour instaurer son règne et juger les vivants et les morts. Ce temps doit s'ouvrir, toujours selon la prophétie, par une série de tourments s'abattant sur la terre et les actions malfaisantes des ennemis de l'Église infligeant des souffrances aux croyants. À la tête de cette armée du Mal se trouve « l'ange de l'abîme » : « Et elles [les sauterelles, tourment annoncé par la cinquième trompette] avaient pour roi l'ange de l'abîme ; il se nomme en hébreu Abaddon, en grec Apollyôn, en latin Exterminans » (Apocalypse IX, 1). On trouve une annonce similaire, c'est-à-dire celle du retour du Christ, dans d'autres passages du Nouveau Testament, notamment l'Évangile de saint Matthieu qui précise que la venue du Messie sera précédée de l'apparition de faux prophètes et de faux christs (au sens propre des « antéchrists » et non

« antichrists » qui s'opposent au Christ alors que les premiers précèdent son retour), de guerres et de famines ainsi que de signes cosmiques effrayants prémonitoires. « L'abomination de la désolation dont a parlé le prophète Daniel sera [en outre] installée dans le Saint Lieu [c'est-à-dire Jérusalem] » (Évangile de saint Matthieu, 24). Cependant, ceux qui auront su résister aux épreuves seront sauvés. Il s'agit donc d'une annonce eschatologique* (qui concerne le salut), thème fondamental dans le christianisme médiéval, avertissant certes les chrétiens de temps difficiles à venir mais non dénués de tout espoir.

Dès le IVe siècle, le texte johannique fut interprété sans que l'on cherche, pour autant, à calculer la date précise de la fin du monde, ce que ne permettent d'ailleurs absolument pas les Écritures. Les thèmes de l'Apocalypse et du Jugement dernier font également partie très tôt des sources d'inspiration principales de l'iconographie chrétienne, à l'image du Christ en majesté des tympans des églises romanes ou encore des très célèbres manuscrits méridionaux et mozarabes des Xe-XIe siècles illustrant un texte non moins célèbre, celui du *Commentaire sur l'Apocalypse* produit par le moine Beatus de Liébana, au nord des Asturies au VIIIe siècle. Ce dernier, plaçant son exégèse dans le contexte du développement de l'hérésie* adoptianiste (Jésus-Christ est un homme comme les autres et non le fils de Dieu), met l'accent sur la vengeance divine qui s'exerce à l'égard de ceux qui se placent hors de l'Église. Les visions de saint Jean donnent, il est vrai, abondante matière à l'illustration allégorique du jugement dernier (les vendanges et la moisson, par exemple) et de l'instauration du royaume des Cieux.

Le chiffre mille, livré par le texte de saint Jean, a suscité, néanmoins, nombre d'interrogations et tenté certains de s'essayer à mesurer le temps, en particulier les clercs chargés d'élaborer le comput* liturgique. « 1 000 » revêt, en effet, dès les débuts du christianisme une signification symbolique en termes de durée : chaque jour de la Création est, en effet, considéré comme équivalent à mille ans. La terre ayant été créée, d'après le récit de la Genèse, en six jours, la durée de vie du monde ne devait donc pas dépasser 6 000 ans, ou six âges si l'on préfère. En outre, le dernier âge était censé s'ouvrir par la venue du Messie, c'est-à-dire, pour les chrétiens, par l'Incarnation. Tout dépendait donc de la date fixée pour la naissance du Christ ! Le moine anglo-saxon Bède le Vénérable, au début du VIIIe siècle, proposa une solution pour faciliter les questions de datation : adopter un comput fondé sur l'Incarnation qui placerait symboliquement le sacrifice du Christ au cœur du temps chrétien. Du reste, dans les pratiques quotidiennes, le choix de l'ère de l'Incarnation dans la datation de l'année en cours ne s'imposera que progressivement durant le XIe siècle, ce qui veut dire que la plupart des gens ne savaient pas que l'on était en l'an Mil en 1000 !

C'est le chroniqueur bourguignon Raoul Glaber qui, le premier, associe l'an Mil à la date de la fin des temps. Aux yeux des historiens, depuis le XIXe siècle, il est ainsi véritablement devenu le « père » du millénarisme* et les extraits tirés de sa chronique, ou qu'on lui attribue à tort, ont véritablement forgé le mythe des terreurs de l'an Mil. Dans ses *Histoires*, rédigées entre 1031 et 1047, ce moine appartenant à l'ordre prestigieux de Cluny, relève les faits étranges et insolites s'étant produits entre 1000 et 1033 : éclipses, séismes, famine auraient précédé un très hypothétique pèlerinage massif à Jérusalem et un renouveau spirituel sans précédent de la chrétienté qui se serait alors couverte « d'une blanche robe d'églises. » Cependant, les catastrophes naturelles qu'il pointe du doigt lui servent autant à évoquer la colère divine qu'elles représentent, à ses yeux, des signes annonciateurs de la fin des temps : « On estimait, en effet, que l'ordre des saisons et des éléments, qui depuis les origines administrait les siècles passés, était retombé dans le chaos perpétuel et annonçait la fin du genre humain. »

Raoul Glaber, en clerc lettré, se fait avant tout ici moraliste et se pose en censeur de la société encourageant à la pénitence, beaucoup plus qu'en prophète apocalyptique. Les faits qu'il rapporte ne doivent donc pas être pris au pied de la lettre, de même qu'il ne se fait le témoin d'aucun mouvement de panique ou de terreur collective. On peut même légitimement considérer que ses préoccupations sont d'ordre exclusivement eschatologique mais non millénaristes (recherchant la fin des temps). Raoul Glaber ne dit pas, en effet, que l'an Mil marque la fin des temps, à proprement parler, mais qu'il faut que l'Église et la société se réforment pour retrouver les valeurs des temps apostoliques. « L'idée de fin du monde est là, en quelque sorte, par anticipation pédagogique » (S. Gouguenheim). Il s'inscrit, dès lors, dans le grand mouvement de réforme de l'Église qui, régulièrement tout au long du Moyen Âge, rejaillit sous la forme, notamment, de mouvements spirituels ascétiques. Ces aspirations de type évangélique prennent également un tour plus populaire par le biais des mouvements condamnés comme hérétiques par l'Église et qui se développent, au début du XIe siècle, en France, en Italie et dans la vallée du Rhin.

Il ne convient donc pas d'exagérer les signes d'attente millénariste que l'on peut voir évoqués par les chroniqueurs autour de l'an Mil. On trouverait, d'ailleurs, le même type de texte à d'autres périodes du Moyen Âge, telles l'année 800 ou encore la période de la peste noire au milieu du XIVe siècle. Si angoisse il y eut, ce dont on ne peut être certain, elle concerne avant tout les moyens, pour chaque individu, de garantir son salut et de marquer sa reconnaissance envers le Christ souffrant.

Le mythe des terreurs de l'an Mil ne correspond donc à aucune réalité établie ; il a été forgé au début du XIXe siècle, par le mouvement littéraire romantique qui voulait voir dans le christianisme médiéval un temps de ferveur religieuse et de passion. Repris et popularisé par des historiens tel Jules Michelet, dans son *Histoire de France*, il est, peu à peu, devenu l'une des images symboliques du Moyen Âge, une période longtemps considérée comme incapable de contrôler ses émotions.

« La peste a décimé l'Europe au bas Moyen Âge. »

Le père ne visitait pas son fils, ni le fils son père : la charité était morte et l'espérance abattue.

Guy de Chauliac, médecin du pape Clément VI, *La Grande Chirurgie*, 1363

La « grande pestilence » qui frappe l'Occident à partir du mois d'octobre 1347 n'est pas d'une nature totalement inconnue à l'époque. Le bacille de la peste, découvert en 1894 seulement, transmis à l'homme par la puce du rat noir a déjà, en effet, donné lieu, au VIe siècle, à une grande épidémie dite « peste justinienne ». Cependant, plus de six siècles séparent, en ce milieu du XIVe siècle, les contemporains de la dernière apparition de la maladie en Occident et ils ne peuvent, dès lors, en avoir qu'une connaissance livresque. La rapidité de la propagation du mal, ses causes que l'on identifie très mal, les moyens dérisoires que l'on a de s'en protéger vont achever de transformer l'épidémie en un véritable fléau dont la récurrence, tout au long des XIVe et XVe siècles, précipite l'Europe dans une crise sociale et morale profonde.

Originaire des bords de la mer Noire, où la maladie sévit depuis un certain temps, le bacille est rapporté par les bateaux génois partis du comptoir de Caffa en Crimée dès la fin de l'année 1347. Les points de contact commerciaux sont en priorité touchés sans être, pour autant, les seules cibles du mal, tels la Sicile dès le mois d'octobre puis la Toscane,

Marseille et la vallée du Rhône. C'est en Avignon que la maladie croise le chemin du pape Clément VI, qui autorisera les premières autopsies de cadavres humains afin de mieux comprendre le mal, dont celui de Laure de Noves, chantée par le poète Pétrarque, que le médecin du pape Guy de Chauliac tentera en vain de sauver. En 1348, la peste atteint Paris et le nord du royaume de France, progressant le long des axes routiers à une vitesse de l'ordre de 30 à 130 km par mois. L'extrémité septentrionale de l'Europe (Écosse, Scandinavie) sera touchée, quant à elle, durant l'année 1350.

Le diagnostic porté sur le mal, tant par les chroniqueurs lettrés que par les médecins de l'époque, révèle une observation très précise des symptômes de la maladie et a pu convaincre les historiens de la nature double de l'épidémie : dans une même région ont pu, en effet, sévir simultanément deux formes de peste, la peste dite pulmonaire, la plus meurtrière, qui se caractérise par des tremblements du corps et des crachements de sang et la peste bubonique qui se manifeste par l'apparition de bubons à l'aine et aux aisselles ainsi que par la couleur noirâtre que prend le cadavre, d'où le nom que l'on donnera à l'épidémie dès le milieu du XIVe siècle : la « Mort noire ». Les explications fournies par les « scientifiques » sont liées aux connaissances épidémiologiques transmises par la médecine antique depuis le médecin grec Galien et contenues dans le Canon (ensemble de règles) rédigé par Avicenne au Xe siècle. On considère que l'air est corrompu par l'haleine des malades mais aussi par toutes les sources de pollution que l'on peut rencontrer dans une ville médiévale, à commencer par les détritus et ordures domestiques jetés à même la rue. Cette corruption peut également avoir été entraînée par des phénomènes météorologiques et astronomiques exceptionnels et annonciateurs, par là même, de la catastrophe. Des mesures de purification de l'air sont prises : grands feux odorants, éloignement des foyers potentiels d'infection par l'inhumation des pestiférés hors les murs, procédé de la quarantaine appliqué aux équipages des navires et aux voyageurs. On retrouve là de vieux réflexes de rejet qui frappent, d'ordinaire, les lépreux. La pratique et l'observation quotidienne permettent également de comprendre, même si on ne le nomme pas toujours directement, le phénomène de la contagion par le contact direct avec les malades, leurs vêtements, leurs objets personnels. De fait, si les mécanismes démographiques se trouvent en partie déréglés (on constate, par exemple, un phénomène de « classe creuse » dans les années 1360), si les solidarités familiales sont effectivement ébranlées (les familles n'accompagnent plus le mourant au moment de la mort et il faut payer des croque-morts fort cher pour pallier cette défaillance), il ne faut cependant pas toujours prendre pour argent comptant les avis émis par des chroniqueurs volontiers moralistes, sujets à chercher avant tout dans le péché et le relâchement des mœurs les causes de la « pestilence ». Le XIVe siècle est ainsi, également, un temps de regain pour les communautés familiales larges, alliant foyer commun et communauté de biens, même si, par ailleurs, le nombre des personnes « déracinées » ne cesse d'augmenter.

Ce qui frappe également les esprits est le caractère implacable que revêt la mort, fulgurante (la maladie ne dure, en général, que deux à trois jours) et universelle, frappant sans discerner vieux et jeunes, riches et pauvres. Certaines catégories sociales se trouvent, à l'évidence, plus exposées que d'autres : médecins, notaires et prêtres ainsi que les membres des ordres mendiants qui ont obtenu, au XIIIe siècle, l'autorisation pontificale d'entendre en confession et de donner les derniers sacrements. Ce sont aussi ceux qui, ne disposant pas de moyens matériels suffisants, n'ont pu fuir la ville, seul moyen efficace de se prémunir.

Dès lors, la mort ne peut être que le juste châtiment des péchés des hommes qu'il faut donc expier individuellement et collectivement. Les confréries de flagellants et de pénitents, nées en Italie au XIIIe siècle, se multiplient et essaiment jusqu'en Flandre et en Allemagne, de même que le culte rendu aux saints, patrons des villes ou saints guérisseurs tel saint Roch, connaît un essor spectaculaire. L'ascétisme et la volonté d'expiation vont aussi conduire à des formes dramatiques de conflits sociaux : la recherche de boucs émissaires cède bientôt le pas à la rumeur selon laquelle l'eau des puits aurait été empoisonnée par les Juifs. Un peu partout en Occident on assiste alors à des scènes de pogroms, les communautés juives payant par-là le prix de la dégradation progressive de leur situation au sein des États occidentaux depuis le début du XIIIe siècle.

Les conséquences sociales et culturelles de l'épidémie sont, en effet, sans doute plus importantes encore que son impact direct sur la démographie. Il s'agit, pour les autorités notamment, municipales ou étatiques, de remettre de l'ordre dans la société, conformément au devoir de paix et de justice qui leur incombe. La marginalité, qu'elle soit sociale (vagabonds, mendiants) ou économique (chômeurs, pauvres), devenue sujet de méfiance dès la fin du XIIIe siècle, se trouve ainsi encadrée voire réprimée par les ordonnances* émises notamment en France et en Angleterre en 1350, dont l'objectif officiel est de pallier l'absence de main d'œuvre et d'enrayer la hausse consécutive des salaires en obligeant toute personne valide à travailler.

Les conséquences démographiques semblent énormes : Guy de Chauliac estime que la maladie « fut si grande qu'à peine elle laissa la quatrième partie des gens ». Cependant ces chiffres sont à prendre avec beaucoup de précautions : la tentation de donner des chiffres ronds, ayant plus ou moins une signification biblique, est en effet grande et ne garantit en rien un véritable dénombrement des décès ! En outre, les chroniqueurs issus du monde urbain et souvent membres du clergé donc appartenant aux catégories de personnes qui ont été les plus exposées, décrivent des situations extrêmes.

Cependant les campagnes, à l'écart des grandes voies commerciales, n'ont pas été « épargnées ». L'archéologie atteste, par exemple, de cas célèbres de villages totalement désertés à la suite de la peste, tel celui de Tusmore, au sud de l'Angleterre. Dans les campagnes, ce ne sont pas les routes commerciales qui véhiculent la contagion, mais bien plutôt les chemins empruntés par les paysans dans leurs déplacements quotidiens vers leurs lieux de travail. On comprend mieux la propagation spectaculaire de la maladie et la gravité de ses conséquences : aucune communauté ne vit totalement isolée au Moyen Âge, l'essor des échanges et des contacts de toute nature entre villages a, ainsi, favorisé la propagation du mal. Cependant, la disparition d'un foyer fiscal ne signifie pas forcément la mort des personnes qui le composaient. Les habitants fuient la misère entraînée par les mois de peste qui ont fait chuter dramatiquement la production céréalière.

Au fond, c'est bien le rôle des mécanismes démographiques, dans toute leur complexité, au sein du phénomène général des crises du bas Moyen Âge que révèle la peste de 1348. En effet, dès les années 1280 l'Europe aurait connu une situation de surcharge démographique sur la plupart des terroirs ruraux, facteur de déséquilibre et de paupérisation d'une partie de la population rurale. La peste et ses conséquences démographiques n'entraînent pas la crise mais la précipitent par leur caractère endémique qui, en ne permettant pas à la population de rétablir une situation de croissance, pérennise la dépression jusqu'à la fin du XVe siècle.

« Tous les paysans étaient des serfs. »

Serfs des serfs, ânes parmi les ânes, Dieu vous maudisse pour les siècles des siècles ! Amen.

Merlini, *Satira contro il villano*, poème en latin et italien, XVe siècle

« Le serf attaché à la glèbe*. » Voilà bien, s'il en est, une image solidement ancrée dans l'imaginaire collectif ! Elle s'accompagne généralement de fantasmes liés à l'expression du droit éminent que le seigneur exerçait sur ses paysans, tel le fameux « droit de cuissage » rendu célèbre au XVIIIe siècle par Beaumarchais dans *Le Mariage de Figaro* ; il symbolisait à l'époque l'arbitraire « féodal » que les Lumières voulaient mettre à bas. Force est de constater que les mentalités médiévales elles-mêmes, en discréditant le monde paysan par le biais de la littérature satirique notamment, ont largement contribué à cet état de fait. Ainsi les fabliaux* se moquent de l'apparence physique des « vilains », leur ignorance supposée et les vices paysans s'opposant point par point à la noblesse chevaleresque.

Le serf, privé de liberté, se trouve en fait placé au plus bas échelon de la société, non pas parce que le plus pauvre, mais parce que soumis à l'arbitraire fiscal seigneurial. Autrement dit, s'interroger sur le servage, c'est toucher à la nature même du pouvoir seigneurial, à l'essence de ce qui constitue la dépendance juridique dans laquelle évolue le monde paysan.

Car c'est bien en termes juridiques que le servage se définit, et c'est dans les mêmes termes que le médiéviste Marc Bloch, l'un des premiers à s'être intéressé au XXe siècle à cette question, pose le problème. S'attachant au XIIIe siècle, l'historien définit dans un premier temps les caractéristiques de la servitude : il s'agit d'un statut juridique héréditaire privant un homme de liberté et par lequel un lien personnel est créé avec le seigneur. Trois taxes le caractérisent : le chevage – paiement annuel recognitif de quelques deniers –, le formariage – confondu et transformé, à l'époque moderne, en « droit de cuissage » (il s'agit d'un droit de contrôle sur le mariage des serfs) –, la mainmorte – payée par les seuls serfs et non par l'ensemble du monde paysan, elle consiste en une taxe sur l'héritage. Ces charges et incapacités juridiques, telle le fait qu'un serf ne puisse être clerc, auxquelles peuvent s'ajouter certains types de corvée, se retrouvent, à quelques nuances près, dans la majorité des régions occidentales.

L'analyse de Marc Bloch, conduisant à considérer le servage comme une forme d'expression du pouvoir de la classe seigneuriale sur une partie de la paysannerie, pose également la question de la signification sociale de ce statut ainsi que de ses origines qui apparaissent intimement liées au système seigneurial. C'est au XIe siècle que l'on place généralement la période d'essor de la dépendance paysanne, c'est-à-dire de diffusion du servage. Celle-ci serait due à l'émergence de la seigneurie banale* qui étend son emprise à toute la paysannerie. Après une période de diffusion maximale du régime esclavagiste rural en Occident, entre VIe et VIIe siècle, l'action conjuguée des progrès de la christianisation, de l'évolution de la société rurale et des structures du grand domaine rural auraient, en effet, conduit l'esclavage à s'éteindre dans les campagnes. Cependant, l'apparition de taxes arbitraires nouvelles, telle la taille seigneuriale (paiement dû pour prix de la protection accordée par le seigneur à ses hommes), aurait placé les paysans sous l'autorité des seigneurs. Le besoin de protection, la volonté de créer un lien privilégié avec le seigneur ont pu également conduire certains à entrer volontairement dans la dépendance économique d'un puissant. Ainsi, au Moyen Âge central, peut-on rencontrer dans les campagnes des hommes dotés de privilèges fiscaux car tenanciers de terroirs nouvellement défrichés, des tenanciers libres et des tenanciers serfs soumis aux taxes recognitives de ce statut.

Certains historiens, à l'heure actuelle, remontent cependant la chronologie de la disparition de l'esclavage rural pour placer la période décisive au IXe siècle. On assiste, à cette époque, à une dégradation de la condition de certains hommes libres qui peut conduire à un déclassement social par asservissement pour dette par exemple. Parallèlement, le nombre des esclaves chasés sur une tenure* ne cesse d'augmenter. Le chasement permet, progressivement, le changement de statut par la fixation d'un héritier sur la tenure et le mariage rendu possible avec un conjoint libre. La mobilité de la population sur les grands domaines conduit, enfin, à la confusion des types de tenures. Ainsi naît le système de la seigneurie qui place les paysans, par le biais de la tenure, dans la dépendance économique du seigneur.

Au XIIIe siècle, dans un contexte de croissance, des chartes d'affranchissement sont accordées contre paiement à des communautés entières par les grands seigneurs ecclésiastiques du Bassin parisien, tels les abbés de Saint-Germain-des-Prés ou Saint-Denis, à l'imitation du roi de France Louis IX. Les raisons invoquées dans les préambules de ces textes – soustraire les serfs au péché de l'inceste – ne sont pas, pour le médiéviste, de la simple rhétorique mais correspondent à une réelle volonté de l'Église de « sauver la face » en justifiant le renoncement aux droits serviles par l'adéquation aux préceptes du mariage chrétien tels qu'ils se définissent depuis le IXe siècle. Surtout, l'historien souligne combien la définition même du servage peut être fluctuante et ce statut se transformer au gré de la conjoncture. Dès lors, l'affranchissement même devient source de pression fiscale et ne soustrait pas ceux qui l'obtiennent à tout assujettissement.

L'interprétation du statut servile, on l'aura compris, pose problème aux historiens et il convient, en ce domaine comme en bien d'autres, de rester prudent en se gardant de toute généralisation. Si l'on ne peut rejeter l'analyse marxiste qui a le grand mérite de mettre l'accent sur le poids social de la servitude et la volonté exprimée régulièrement par les hommes qui y étaient soumis de se débarrasser, parfois par la révolte, plus souvent par la contestation en justice, des « mauvaises coutumes », la situation ne peut se réduire partout et toujours à une forme économique d'aliénation de l'homme par l'homme. En particulier, le lien à la tenure, l'obligation de résider sur place et de ne pas se marier en dehors de la seigneurie, représentent, certes, une privation de liberté, mais garantissent aussi l'accès du serf à la propriété et son intégration à la communauté rurale.

Le servage ne concerne pas, on le voit, la totalité du monde paysan, ni même la majeure partie à partir du XIIe siècle. Il s'agit d'un statut juridique plastique, la forme par excellence de la dépendance paysanne vis-à-vis d'un seigneur, le cœur d'une relation personnelle complexe que l'on peut analyser de manière légitime en termes d'aliénation de la personne et du travail. C'est aussi un moyen entre les mains seigneuriales, à partir du XIIIe siècle, de tirer parti, par la fiscalité servile ou le prix imposé à l'affranchissement, de la croissance et de la volonté exprimée par les communautés qui y étaient soumises de se débarrasser de cette macule sociale. Cependant, le lien servile peut aussi représenter un moyen de se distinguer, de créer un lien de fidélité avec le seigneur.

BÊTES, SALES ET MÉCHANTS

« Seuls les moines possédaient le savoir. »

À la quadragésime [heure du jour], tous les frères recevront des livres de la bibliothèque qu'ils devront lire d'une manière suivie et entière.

Règle de saint Benoît, VIe siècle

Le « savoir », tel qu'on peut l'entendre ici, correspond à une forme de culture reposant sur la maîtrise de la langue latine écrite, langue de culture réservée aux lettrés et aux clercs en particulier, jusqu'au bas Moyen Âge. En ce sens, le latin médiéval oppose ceux qui dominent l'outil linguistique de la culture savante, nommés *litterati*, à ceux qui n'entendent pas le latin, les *illitterati* – ou « illettrés » –, sans que pour autant ces derniers soient considérés comme dépourvus de toute culture. Les instruments de la culture populaire et profane reposent cependant plutôt sur l'oralité et ses différentes formes d'expression tandis que l'on assiste à un essor de l'usage des langues vernaculaires écrites dans la production culturelle de la fin du Moyen Âge.

Les monastères sont, dès les VIIe-VIIIe siècles, les principaux centres de production culturelle en Occident. Ce fait repose essentiellement sur deux fondements. D'une part, la règle bénédictine, rédigée au VIe siècle par saint Benoît de Nursie pour le monastère du mont Cassin, au sud de Rome, qu'il venait de fonder, impose aux moines de partager à parts égales le temps quotidien entre trois types d'activité, dont le travail intellectuel consistant en la lecture des textes sacrés – la *lectio divina* – mais aussi la copie d'ouvrages liturgiques et pieux dans le cadre d'ateliers de copie que l'on nomme des *scriptoria*. À l'époque carolingienne, la règle bénédictine est imposée à l'ensemble des communautés monastiques de l'empire. Les monastères de Corbie, Saint-Riquier, Saint-Martin de Tours, au nord de la Loire, mais aussi Reichenau, sur le lac de Constance, et Saint-Gall en Suisse produisent ainsi activement nombre de manuscrits dont environ 8 000 ont été conservés. Les cathédrales ne sont pas en reste dans cette activité, comme Orléans ou Reims sous l'épiscopat d'Hincmar, archevêque dans la seconde moitié du IXe siècle.

À partir du VIIIe siècle, des efforts sont entrepris pour retrouver les formes de la grammaire du latin classique – ce que l'on a nommé la « renaissance » carolingienne – et en faciliter l'apprentissage. Le monastère de Saint-Martin de Tours s'illustre particulièrement dans cette tâche, sous l'égide de l'abbé Alcuin, un moine d'origine anglo-saxonne qui fut conseiller de Charlemagne. Pour permettre une meilleure copie des manuscrits anciens et éviter les erreurs et autres coquilles qui pourraient entacher les textes sacrés, on met également au point, toujours au IXe siècle, une réforme de l'écriture qui permettra de rendre clairs et lisibles tous les textes produits dans les monastères, par l'adoption de la « minuscule caroline » lointain ancêtre de nos lettres d'imprimerie. En 789, Charlemagne promulgue un capitulaire*, intitulé *Admonitio generalis*, par lequel il entend définir son ministère et mettre en place les cadres de son administration. Ce texte constitue également la première véritable législation scolaire du Moyen Âge, car les évêques et les moines sont invités à entretenir des écoles qui permettront aux futurs clercs d'apprendre à lire le latin et à chanter l'office et, de la sorte, de mieux encadrer le peuple et transmettre le message évangélique : « Que les prêtres attirent à eux non seulement les enfants de condition servile, mais aussi les fils d'hommes libres. Nous voulons que des écoles soient créées pour apprendre à lire aux enfants. Dans tous les monastères et les évêchés, enseignez les psaumes, les notes, le chant, le comput*, la grammaire, et corrigez soigneusement les livres religieux. » Le clergé doit, ainsi, seconder le souverain dans l'accomplissement de sa mission et guider le peuple sur la voie du salut grâce à une bonne interprétation des textes sacrés. Il n'est cependant pas question, contrairement à ce que pourrait laisser croire le texte, d'assurer un enseignement généralisé à l'ensemble des enfants : seul un petit nombre, généralement destiné à la cléricature, accède à ces écoles.

Ceci explique que les grands centres d'études, à l'époque carolingienne, se confondent avec les principaux monastères d'entre Loire et Rhin, tous dotés d'un *scriptorium** et d'une bibliothèque, sans oublier les évêchés. Là, se développent de véritables écoles autour de maîtres prestigieux, comme à Saint-Gall ou à Reims au début du IXe siècle. On y apprend non seulement la grammaire latine et le chant, mais aussi l'ensemble des arts libéraux*, tels qu'ils se sont définis au Ve siècle.

Ce n'est qu'à partir du XIIIe siècle que la production de manuscrits se déplace en ville et, avec elle, le cadre de la culture savante. Les citadins peuvent en effet, à partir du Moyen Âge central, donner à leurs enfants une éducation élémentaire – c'est-à-dire la maîtrise de la lecture et de l'écriture – par le biais soit du recours à un précepteur privé, si l'on appartient à la noblesse princière ou aux classes aisées de la population urbaine, ou en les envoyant fréquenter ce que l'on appelle les petites écoles élémentaires, ou écoles de grammaire. Placés généralement sous l'autorité de l'évêque de la cité ou d'autres établissements ecclésiastiques, les régents de ces écoles et les maîtresses d'école pour les filles enseignaient aux enfants entre 7 et 14 ans les rudiments de la lecture et de la grammaire latine. Le matériel pédagogique utilisé consiste en des livres pieux – le psautier par exemple pour apprendre à déchiffrer les lettres –, puis des « manuels » de grammaire et des recueils de textes tels les *Distiques* attribués à Caton ou les *Fables* d'Ésope. Ces petites écoles pouvaient également se trouver, quoique en nombre moins important, à la campagne, ouvertes alors aux garçons seulement. N'oublions pas, cependant, que les prêtres ruraux avaient tous la possibilité, dans la mesure de leurs propres compétences, de délivrer un enseignement élémentaire prioritairement destiné aux futurs clercs. Ainsi, au bas Moyen Âge, les grandes villes sont toutes dotées de plusieurs écoles de grammaire et certaines régions, comme l'Angleterre, semblent avoir été bien scolarisées, leurs écoles pouvant accueillir plusieurs centaines d'élèves au XVe siècle.

Certaines catégories sociales se trouvent plus particulièrement destinées à poursuivre cet apprentissage élémentaire. Dans les villes marchandes d'Italie centrale et septentrionale, notamment, l'enseignement de la grammaire devait se prolonger, pour les fils d'hommes d'affaires, par des notions d'arithmétique et de comptabilité ainsi que par une initiation à l'art de rédiger des contrats. Ce second apprentissage était alors pris en charge par un « maître d'abaque ». Les notaires, figures fondamentales du monde urbain au bas Moyen Âge, pouvaient également recevoir une formation complémentaire, « technique » comme on dirait aujourd'hui, par l'entrée au service d'un notaire en activité auprès duquel ils pouvaient se former aux règles de cette profession. Dans d'autres lieux, on pouvait se préparer à l'université par des cours de logique, voire par une initiation au droit, à la théologie ou encore aux matières du *quadrivium**.

Enfin, la culture savante urbaine repose, par ailleurs, de plus en plus à partir du XIIIe siècle sur les langues vernaculaires dont l'usage écrit se répand. Ainsi, certains miroirs (ce terme désigne une sorte d'encyclopédie ayant pour ambition de faire la somme des connaissances d'une époque donnée), destinés à contenir le savoir de l'honnête homme du bas Moyen Âge, sont-ils directement rédigés en langue vulgaire, tel le célèbre *Livre du Trésor* du notaire et homme politique florentin Brunetto Latini, exilé en France en 1260, qui expose dans le prologue de son ouvrage rédigé en français l'importance de cette langue qui est « plus agréable à lire et entendre que toutes les autres ».

« Il n'y avait aucune hygiène. »

Nul bain pendant mille ans !

Jules Michelet, *La Sorcière*, 1830

Le terme « hygiène », dérivé du grec et se rapportant aux choses relatives à la santé, n'est pas présent dans le vocabulaire médiéval. Pour autant, cela ne signifie pas que les problèmes de santé publique liés à la saleté et au manque d'hygiène, au sens où nous l'entendons aujourd'hui, n'ont pas été dénoncés ni pris en compte par les contemporains.

En premier lieu, la rue médiévale est une source reconnue par les autorités d'infections potentielles. La rue est sale, c'est un fait, car l'on y jette sans discernement ordures ménagères non comestibles par les animaux, restes de boucherie, eaux usées et détritus artisanaux. La puanteur émane tant des déchets déversés sur la voirie que des relents provenant des fleuves et rivières. Ainsi, les *Chroniques* de Saint-Denis rapportent-elles la mésaventure survenue au roi Philippe Auguste qui, ayant voulu prendre l'air à l'une des fenêtres du palais royal, sur l'île de la Cité, se trouva tellement incommodé par la puanteur montant de la Seine qu'il eut un haut-le-cœur et manda aussitôt le prévôt et les représentants de la ville pour leur enjoindre de faire curer et paver les rues de la capitale.

Les raisons de l'insalubrité des villes médiévales sont multiples, qu'elles soient liées à la topographie même de la ville, dont certains quartiers peuvent être bâtis sur des terrains au dénivelé insuffisant, aux pratiques consistant à élever en pleine ville porcs, ânes et autres chèvres ou au manque de commodités publiques. Les latrines sont rares et se situent souvent au sommet de l'enceinte et au-dessus d'un cours d'eau ce qui ne contribue pas à assainir ces derniers !

Dès le XIIIe siècle, les autorités se préoccupent d'enrayer la pollution émanant des activités urbaines en rejetant à la périphérie des villes les métiers les plus salissants ou incommodants, tels les tanneurs, les teinturiers et les foulons. On prend également des mesures de répression contre les propriétaires d'animaux qui auraient laissé ces derniers divaguer ou encore à l'encontre de ceux qui jettent leurs immondices sur la voie publique. On prend également conscience, au XIIIe siècle toujours, du risque d'infection que représentent les cloaques à ciel ouvert que l'on tente d'assainir par la mise en place de systèmes de canalisations (les conduits de « merderons » ou « merdereaux »...) voire d'égouts : à Paris, on creuse ainsi au nord de la rive droite des fossés servant d'évacuation aux eaux usées dès le milieu du XIIIe siècle (les Fossés-le-roi), des travaux qui seront repris et complétés au siècle suivant par le prévôt Hugues Aubriot.

La maladie et, singulièrement, les épidémies seraient-elles dues à un manque fondamental d'hygiène au Moyen Âge ? À lire les règlements municipaux des XIVe et XVe siècles qui stigmatisent sous une même réprobation l'élevage domestique, la présence des lépreux et celle des prostituées, on est tenté de dire que les hommes de cette époque nourrissaient une même répulsion pour le sale, le corps malade et l'immoral.

De même, en effet, que l'on dénonce la « corruption de l'air » en cas d'épidémie, le corps malade est présenté comme corrompu, vicié en premier lieu par le péché. Le lépreux est ainsi, par excellence, l'image de l'homme pécheur, chargé de toutes les souillures, mais aussi et en même temps celle du Christ dont le corps souffrant rachète l'humanité. Les maladies parasitaires, ou dues à un manque d'hygiène corporelle, ne sont cependant pas les plus répandues. Bien plus affaiblissantes pour l'organisme humain sont, en effet, les carences alimentaires qui entraînent des déficiences organiques, fragilisent le système immunitaire et peuvent conduire à des intoxications alimentaires, tel le fameux « mal des ardents » dû à une consommation de seigle ergoté.

Le soin du corps et son entretien ont trait également à la question des bonnes manières, à l'hygiène et à la pudeur.

Les moines sont le plus souvent contraints par la règle qu'ils observent à ne pas prendre de bain trop souvent, voire même seulement deux fois par an comme dans le grand monastère bénédictin de Cluny ! C'est que l'on touche là à la notion d'ascétisme qui conduit ce type de clercs à se détacher des réalités matérielles et à cultiver le mépris du corps dans un objectif spirituel. C'est cette image, pourtant rapportée à une faible proportion de la population, qui a traversé les siècles et fait écrire à Jules Michelet que personne n'avait jamais pris de bain durant le Moyen Âge ! Pourtant, dès le XIIIe siècle, d'autres voix se font entendre, telle celle de saint François d'Assise qui considère qu'il ne faut pas que ses frères maltraitent trop leur corps, ou encore celle du dominicain Humbert de Romans pour lequel les mortifications physiques, les jeûnes et la malpropreté corporelle affaiblissent le corps tout autant qu'ils sont un signe d'orgueil de la part des frères qui s'imposent des épreuves trop grandes dans leur quête ascétique.

Dans les traités d'éducation et autres miroirs (encyclopédies) qui fleurissent à partir du XIIIe siècle, il est fort peu question d'hygiène corporelle. Ainsi, si le toscan Aldebrandin de Sienne, dans son *Régime du corps* paru en 1257, évoque bien la fabrication du savon, ses préoccupations sont avant tout médicales : il s'agit de donner des conseils alimentaires pour rester en bonne santé, de conseiller les mères sur la façon d'allaiter, de nourrir leur enfant ou de le vêtir.

L'historien reste très largement démuni quant à savoir quelles étaient les pratiques hygiéniques individuelles. Les fouilles menées dans les nécropoles du très haut Moyen Âge, l'étude des inventaires après décès que l'on a pu conserver pour différentes catégories sociales montrent que les objets de toilette sont partout présents, tant sous la forme de peignes et épingles à cheveux, que de bassines qui ont pu servir à des ablutions. Mais au-delà de ce constat, il est difficile d'aller plus loin et il faut, sans doute, convenir que l'on devait se laver rarement des pieds à la tête : les procès-verbaux d'Inquisition*, datés des années 1318-1325, montrent ainsi que les paysans accusés d'hérésie* dans le comté de Foix à cette époque ne se lavaient que très peu, par « morceaux » si l'on peut dire, et changeaient de linge très rarement.

Il demeure, cependant, que des bains publics – les étuves – se rencontrent dans toutes les grandes villes occidentales à partir du XIIe siècle. Les règlements de ces établissements permettent d'aller à l'encontre de quelques idées reçues relatives à la propreté des hommes du Moyen Âge. Ainsi, celui des bains de Paris, daté de 1268, précise-t-il que les hommes et les femmes ne doivent pas se baigner ensemble mais respecter un horaire différent; en outre, il est conseillé aux personnes de se laver au préalable chez elles afin d'éviter de devoir se montrer nues en public. C'est que le Moyen Âge est très pudique : la nudité est perçue, sur le modèle biblique de la Chute du premier couple, comme péjorative. On la réserve, ainsi, pour certaines sanctions pénales, telle la course des amants adultères à travers la ville. De ce fait, la nudité, même au bain public, n'est jamais réelle mais toujours pudiquement voilée d'une chemise pour les femmes et d'un caleçon pour les hommes, de façon à masquer les parties génitales.

Les bains publics, tenus par un « baigneur » (qui correspond à une profession reconnue et enregistrée sur les livres de métiers), sont aussi, pour certains d'entre eux tout au moins, des « bains-bordels », hauts lieux de convivialité et de détente pour les citadins. On peut y manger, y boire, retrouver ses amis et se détendre sur les lits de repos prévus à cet effet. Cependant, cette image caricaturale ne doit pas être totalement généralisée, même si les sanctions prises à l'encontre des tenanciers de bains employant des prostituées n'étaient pas rares encore au XVe siècle.

C'est au bas Moyen Âge, enfin, que renaît la pratique de fréquenter les thermes, à la suite de la disparition inexpliquée du thermalisme antique. En Italie septentrionale, en Espagne mais aussi en Allemagne et en Angleterre voit-on ainsi apparaître des établissements thermaux dont le plus fameux est celui constitué dans la région de Naples, à Pouzzoles, rendu célèbre par un poème du XIIIe siècle. Il s'agit là cependant de soigner plutôt que de laver, à l'image des bains d'Ax-les-Thermes réservés aux lépreux.

« C'étaient des temps cruels. »

Par ordre de la reine il est projeté à terre, couché sur le dos, on lui met sur la tête une immense barre de fer et avec une autre on le frappe au visage. C'est ainsi qu'ayant mené une vie toujours perfide, il la termina par une mort méritée.

Grégoire de Tours, *Histoire des Francs*, fin du VIe siècle

La cruauté supposée des temps médiévaux repose en grande partie sur une surinterprétation du terme « barbare », nom donné aux peuples germaniques venus s'installer à l'intérieur des frontières de l'Empire romain d'Occident à partir du Ve siècle. Dans l'Antiquité, en effet, le « barbare » est celui qui est étranger au monde linguistique et culturel grec puis latin, celui qui ne parle pas la langue mais aussi qui ne participe pas des mêmes structures sociales et politiques : celles de la cité pour les Grecs, de l'empire pour les Romains.

Dès le haut Moyen Âge, les termes de « barbarie » et de « sauvagerie » peuvent être utilisés pour dénoncer l'excès de violence ou la violence considérée comme illégitime. Notre perception de la cruauté médiévale repose donc aussi, de façon inconsciente souvent, sur la littérature médiévale elle-même et sur les jugements de valeur portés par les clercs notamment.

L'image d'une société médiévale cruelle et violente est liée, en premier lieu, à une idée, défendue par le sociologue Norbert Elias et reprise par de nombreux historiens jusqu'à très récemment, selon laquelle les hommes de la période médiévale étaient dominés par leurs passions et exprimaient leurs émotions de manière incontrôlée. L'un des effets de la « civilisation » et de la construction de l'État, à l'époque moderne, aurait été le contrôle des émotions et le polissage des mœurs. L'État absolutiste au XVIIe siècle, en France notamment, confisque à son usage la violence et la force armée, rendue illégitime dans le cadre des guerres privées, et impose le respect des procédures judiciaires et du droit souverain aux puissants. Les historiens des mentalités ont, depuis peu, nuancé ce schéma en mettant l'accent sur les sources qui nous permettent de connaître la violence médiévale et le rôle didactique joué par les « émotions » lorsqu'elles sont exprimées dans ces textes. Ainsi, pour le très haut Moyen Âge, entre Ve et VIIIe siècle, les documents dont nous disposons sont essentiellement d'ordre juridique – ce sont des codes de lois qui édictent les peines encourues en fonction des types de crimes commis –, littéraires (produites par des clercs), hagiographiques (les vies de saints) ou historiographiques, tel le texte connu sous le titre d'*Histoire des Francs* de Grégoire, évêque de Tours. Les auteurs, lorsqu'ils évoquent les émotions ressenties par les protagonistes de leurs récits, et notamment les sentiments de colère et de haine répondent, en fait, à un schéma de rédaction visant à faire passer un message : celui de la réprobation d'une conduite jugée comme non conforme car illégitime, fratricide ou injuste. C'est le cas, par exemple, du personnage de la reine Frédégonde, concubine du roi franc Chilpéric (539-584), qui incarne, aux yeux de Grégoire de Tours, tous les défauts féminins et s'oppose trait pour trait à l'épouse légitime, Galswinthe.

La violence peut donc être dénoncée, par l'Église notamment. Cependant, il s'agit alors aussi de définir les comportements pour lesquels l'usage de la violence est pardonnable. Dans le courant du XIIe siècle s'élabore ainsi la doctrine de la guerre juste dont les principes seront incorporés au Décret de Gratien, l'un des piliers du droit canon, compilé par un moine de Bologne à partir du XIIIe siècle. La guerre juste est celle qui est motivée par la défense du pays attaqué ou par la récupération d'un bien spolié; elle doit être déclarée par une autorité suffisante (ce qui reviendra, de fait, à réserver le droit de paix et de guerre aux seuls souverains), se faire sans excès et sans haine, en épargnant notamment les personnes désarmées et les églises; ce doit être, enfin, l'ultime recours après que toutes les voies de la négociation ont été épuisées. Ces idées sont, à l'évidence, difficiles à mettre en œuvre, d'autant plus à partir du XIVe siècle, lorsque le type de soldats recrutés dans les armées occidentales change et que le recours aux mercenaires se répand. Il n'empêche que ces conceptions font leur chemin dans l'opinion: ainsi, le chroniqueur bourguignon Jean Lefèbvre, dit Toison d'Or, dénonce-t-il le comportement du roi anglais Henri V lors de la bataille d'Azincourt, en 1415, qui fit massacrer tous les prisonniers français au lieu de leur garantir la vie sauve afin d'en exiger rançon.

Si le comportement de ce roi choque, c'est aussi parce que la violence et les actes de cruauté qui l'accompagnent sont, depuis le haut Moyen Âge, plutôt assimilés à certaines catégories sociales. La violence « barbare », si l'on peut dire, celle que l'on va dénoncer comme diabolique, est, par exemple, entre VIIIe et Xe siècle, le fait des « païens » et des « infidèles », qu'ils soient musulmans (un trait qui leur restera attaché, aux yeux des chrétiens, tout au long du Moyen Âge et même après), Hongrois ou Vikings. La cruauté est, de fait, par nature ce qui s'oppose à la civilisation pour les hommes du Moyen Âge et se trouve, de ce fait, rejetée dans le monde de l'exotique et de l'inconnu. Au cours des deux derniers siècles du Moyen Âge, ce type de comportement en vient également à s'attacher à la figure de « l'ennemi », extérieur (l'Anglais, par exemple, dans le cas du royaume de France) ou intérieur (les insurgés). Car il est, également, une catégorie sociale volontiers dépeinte comme cruelle et violente : le « vilain » s'oppose, dans ses comportements, au noble. Il ne possède, ainsi, aucune éthique, au contraire des chevaliers respectueux des règles de la guerre juste, et se livre à toutes sortes d'exactions, toutes plus diaboliques les unes que les autres car diamétralement opposées aux principes de la bonne guerre. De ce fait, les révoltes et mouvements populaires ruraux ne peuvent être, sous la plume de Jean Froissart par exemple, que des occasions pour les paysans d'assouvir leur instinct animal, en violant les femmes notamment, ou de tuer de façon bestiale les nobles, une façon aussi pour le chroniqueur de flatter son lectorat nobiliaire.

Les codes de lois, quant à eux, ainsi que certains passages de Grégoire de Tours, font pénétrer dans une autre dimension : celle de la justice et des modes de répression des crimes.

Contrairement à ce que l'on peut trouver sous la plume de certains historiens, ce n'est pas l'absence d'État fort qui engendre l'usage de la violence dans le règlement des conflits privés, mais bien plutôt les fondements juridiques mêmes de la société. Durant le haut Moyen Âge, en effet, il est officiellement reconnu comme légitime d'attendre réparation, sous quelque forme que ce soit, d'une exaction subie. Ceci entraîne le devoir de vengeance – la *faide* – qui viendra laver l'honneur familial, déroulée en véritable cycle parfois, comme celui qui opposa les petits-fils de Clovis tout au long de la seconde moitié du VIe siècle. Pour enrayer cette mécanique, les lois promulguées par les souverains du haut Moyen Âge avaient pour objet de fixer le montant pécuniaire – le *wergeld* – des réparations attendues pour chaque type de crime commis envers un homme libre, ce qui leur confère un caractère un peu étrange à nos yeux. Le rôle de justice du souverain consistait alors à rechercher les preuves de l'action dénoncée et à faire appliquer la loi en trouvant le juste prix pour faire renoncer l'offensé à la *faide*. De ce fait, l'action souveraine passe par le contrôle de la violence et l'imposition de la paix à l'ensemble des puissants. À l'époque carolingienne, les souverains obligent, ainsi, les grands à accepter la composition financière en rachat de la vengeance ainsi qu'à se soumettre à l'arbitrage immédiat d'un juge public.

L'autorité, qu'elle soit seigneuriale ou princière, a également recours à la violence dans l'application des peines criminelles.

Les procédures judiciaires en usage tout au long du Moyen Âge reposent sur différents types de preuves auxquels le juge peut avoir recours parfois simultanément. Parmi ceux-ci se trouve le procédé de l'ordalie qui consiste à faire subir à l'accusé une épreuve pour étayer ou non sa culpabilité et, ainsi, rechercher le jugement de Dieu. Cette procédure tombe peu à peu en désuétude, dans le courant du XIIIe siècle, au profit de l'enquête de témoignages, que l'on n'ignorait pas, pour autant, à l'époque précédente. C'est le pape Innocent III qui, au début du XIIIe siècle, fixe les cadres de la procédure juridique inquisitoire en élaborant un questionnaire pour démasquer les hérétiques et leur faire avouer leur erreur. Cette idée est reprise par les pouvoirs laïcs, à travers la procédure inquisitoire d'office qui va servir, à partir du milieu du XIIIe siècle, à juger notamment les crimes politiques ou de lèse-majesté.

L'aveu se trouve donc au cœur du processus judiciaire à la fin du Moyen Âge, un fait qu'il faut rapprocher de l'évolution des formes de la spiritualité populaire et de l'insistance mise, notamment par les prédicateurs mendiants, à la prise de conscience, par chaque individu, du péché. La prédication et la confession sont, par ailleurs, de véritables instruments de prévention du crime, au sens où elles participent de la volonté d'imposer à la population des modèles comportementaux vertueux. On peut également considérer des mesures telle l'interdiction du port des armes, prises dans la plupart des États occidentaux dans le courant du XIIIe siècle, comme participant de la même volonté de prévention. Comment faire avouer et, par-là, atteindre la vérité ? Par la torture, légalisée dans le courant du XIIIe siècle. Cette idée, qui nous paraît extrêmement choquante, doit être comprise à travers le prisme des mentalités médiévales. Aux yeux des hommes du Moyen Âge, le crime compromet l'ordre social et doit être châtié de façon exemplaire : l'objectif des autorités n'est donc pas, prioritairement de le prévenir, comme à l'heure actuelle, mais d'imprimer dans les esprits la peur du châtiment, la peine prononcée étant véritablement perçue comme une punition. D'où des types de peines que l'on considère aujourd'hui, tout au moins dans nos sociétés occidentales, comme cruelles, telles les peines de mutilation ou d'infamie, ou encore les exécutions capitales en public dont certaines sont particulièrement inhumaines en prolongeant au maximum la vie et les souffrances du condamné. C'est que la souffrance a valeur pédagogique et participe de cette volonté didactique d'édifier le commun et de le terrifier afin de garantir l'autorité royale. Et c'est là une logique que l'on retrouvera à l'œuvre tout au long de l'époque moderne, une forme d'affirmation de la puissance du monarque absolu.

« On brûlait les sorcières. »

As-tu cru ce qu'affirment certaines femmes diaboliques ? Elles prétendent être contraintes et obligées, en compagnie de démons transformés en femmes, de chevaucher certaines nuits bien déterminées à dos de bêtes et, ainsi, de s'agréger à la troupe des démons. Si oui : un an de jeûne.

Burchard de Worms,
***Corrector sive Medicus* (pénitentiel), 1008-1012**

Les pratiques de sorcellerie structurent la culture et la société occidentale du Moyen Âge, profondément imprégnées de religieux : « La sorcellerie était un moyen d'interpréter le monde en identifiant le principe du Mal, cause de tous les dysfonctionnements de l'ordre naturel et social. » (Jean-Claude Schmitt).

Ce qui définit avant tout le sorcier – ces pratiques ne sont, en effet, pas réservées aux femmes au Moyen Âge – est le type de relations ambiguës qu'il entretient non pas avec le diable mais avec le monde du surnaturel, c'est-à-dire des forces et des éléments à l'œuvre dans le monde physique et sur lesquels le sorcier possède un pouvoir. Nombreux sont d'ailleurs ceux qui considèrent tenir leurs pouvoirs directement de Dieu et collaborent avec les prêtres. De même, les objectifs poursuivis ne sont que rarement maléfiques, la plupart des sorciers agissant essentiellement comme guérisseurs. Ce qui inquiète néanmoins les autorités religieuses et laïques à partir du XIVe siècle, c'est que leur savoir relève de la culture populaire orale, sur laquelle les lettrés n'ont aucune prise. Les actes auxquels ils se livrent produisent des phénomènes inexplicables par les lois de la nature connues à l'époque. Les techniques employées sont en effet issues d'une culture empirique, transmise oralement souvent entre femmes ou par un parent. Il s'agit d'un ensemble d'actes et de paroles relevant de ce que les anthropologues nomment la magie blanche, fondée sur l'utilisation de pierres, d'herbes, d'onguents, qui permettent au sorcier de jeter des sorts par le biais de l'enchantement (par la récitation de formules magiques ou d'incantations), la fascination (qui consiste à provoquer un trouble du comportement chez la victime du sort), la ligature (en liant entre eux des objets appartenant à la victime et par lesquels des fonctions corporelles seront suspendues ; le cas le plus courant consiste à « nouer les aiguillettes », c'est-à-dire les lacets qui retiennent les chausses masculines sur le ventre de façon à provoquer l'impuissance), ou encore l'envoûtement (on représente la victime sous la forme d'une figure de cire ou de glaise à laquelle on jette un sort). Il existe aussi des sorciers qui se livrent à l'invocation des démons, ceux que l'on nomme au bas Moyen Âge les nigromanciens. Ils appartiennent, cependant, au monde des lettrés, leurs formules et leur savoir s'apprenant dans les livres dont la lecture et l'étude sont condamnées par l'Église. Il s'agit le plus souvent d'hommes, cibles privilégiées de la répression judiciaire avant le XVe siècle. Ainsi, le frère du roi de France Charles VI, Louis d'Orléans, fut-il accusé de pratiquer la magie et d'avoir contribué à empoisonner son frère, le roi sombrant dans la folie à partir de 1392.

Les sorciers ne sont pas stigmatisés avant la fin du Moyen Âge. Il s'agit, en effet, de personnes connues de leurs communautés, même si perçues comme différentes, vivant souvent à l'écart, auxquelles la rumeur publique – la *fama* – attribue des pouvoirs particuliers. Leur réputation, et donc leur sécurité, repose d'ailleurs sur leur savoir-faire qui est très rarement remis en cause : le sorcier est, d'une certaine façon, intégré à sa communauté au sein de laquelle il a un rôle à jouer et des services monnayés à rendre. Son exclusion et sa mise à l'écart ne peuvent alors venir que d'une mauvaise pratique.

Or, on constate, à partir du XIVe siècle, un essor du nombre des dénonciations auprès des autorités judiciaires de personnes réputées comme sorcières. Le nombre des procès n'augmente cependant de façon significative qu'à partir de la fin du XVe siècle seulement. Le bas Moyen Âge va en effet réunir deux conditions favorables à la mise en place de la répression exercée contre les sorciers qui caractérisera toute l'époque moderne ensuite. D'une part, les autorités laïques princières et souveraines cherchent à asseoir leur pouvoir de justice en garantissant au mieux l'ordre public. Or le sorcier est avant tout coupable de créer un désordre social, de casser le cadre traditionnel du mariage, notamment, en provoquant avortements, impuissance, voire homicides. Dès lors, la puissance publique se doit d'intervenir, en réprimant toute source de désordre mais aussi toute action qui pourrait également entraîner la marginalisation sociale et économique de ceux qui y ont recours.

L'application de la peine capitale par le bûcher, dans les cas de sorcellerie, procède de l'idée selon laquelle le crime est impur et exige, de ce fait, la disparition totale du corps du condamné. Ainsi, tous ceux ayant péché contre Dieu – tels les hérétiques – ou contre les lois de la nature – les sodomites et criminels sexuels accusés d'inceste ou de bestialité – sont-ils passibles du bûcher. À partir de la fin du XIVe siècle, c'est également la peine qui attend les sorciers. L'exemple le plus célèbre ne concerne pourtant pas une sorcière véritable, mais une personne accusée d'avoir agi sous l'emprise du diable : il s'agit de Jeanne d'Arc, brûlée à Rouen en 1431, à l'issue d'un procès éminemment politique par lequel les répercussions de son action principale – le sacre* de Charles VII en juillet 1429 – devaient être discréditées. Le recours à un tribunal d'Inquisition* et l'accusation de sorcellerie furent ainsi un instrument politique entre les mains des Anglais pour arriver à leurs fins.

Car l'Église est la véritable responsable de la criminalisation des pratiques de sorcellerie, et ce dès le XIIIe siècle. Dès le haut Moyen Âge, les clercs se méfient, en effet, des illusions et fantasmes que peuvent provoquer les pratiques magiques et les condamnent.

Il faut cependant attendre la mise en place des tribunaux de l'Inquisition, dans les années 1230, et le recours à la torture pour faire avouer les criminels et découvrir la vérité, pour voir une assimilation progressive s'opérer dans le courant du bas Moyen Âge entre la sorcellerie et l'hérésie*. Rappelons, en effet, que l'Inquisition, mise en place par le pape Grégoire IX et confiée aux dominicains, n'a pas pour fonction, au XIIIe siècle, de pourchasser les sorciers mais principalement les hérétiques, même si le pape Alexandre IV a cédé aux inquisiteurs, en 1258, la connaissance des cas de sortilège. Le climat spirituel évolue, cependant, par la suite ; les formes de la piété, en particulier féminine, s'intériorisent de plus en plus et le nombre des mystiques, à mi-chemin entre l'hérésie et la sainteté, se multiplie. Dès lors, l'Église traque avec plus de vigilance encore toute forme de déviance et toute trace d'emprise du Malin. En 1430, le concile de Bâle dénonce ainsi officiellement les crimes d'apostasie*, de pacte avec le diable et de sabbat. Au XVe siècle toujours, des textes sont produits pour guider les inquisiteurs dans leur tâche et leur permettre de démasquer les sorciers : ainsi en va-t-il des enquêtes du doyen du chapitre* de Cambrai, Gilles Carlier, expert auprès de l'évêque de la ville entre 1439 et 1479, et surtout du célèbre *Malleus Maleficarum* – le maillet des sorcières – véritable manuel de l'inquisiteur rédigé par deux professionnels en la matière, Henri Institutor et Jakob Sprenger en 1486-87.

On le voit, la « chasse aux sorcières » est bien loin d'être une réalité pleinement médiévale. Ce sont les évolutions subies tant par la société et le pouvoir politique, plus enclin au bas Moyen Âge à faire respecter l'ordre public, que par l'Église et les formes de la spiritualité populaire qui ont conduit à la criminalisation de pratiques dont on s'accommodait jusque-là. Cependant, ce n'est qu'à la fin du XVe siècle que les éléments d'une répression massive seront mis en place.

”

LE TEMPS OÙ L'ÉGLISE ÉTAIT TOUTE-PUISSANTE

« On était obligé de croire en Dieu. »

Dieu existe-t-il ? On dirait bien que non.

Saint Thomas d'Aquin, *Somme de théologie*, 1270

La société médiévale fonctionne sur le principe selon lequel chaque individu, à l'intérieur du groupe auquel il appartient, doit agir pour honorer Dieu et assurer son salut. C'est le cas dès le IVe siècle, lorsque l'empereur Constantin reconnut le christianisme comme religion autorisée dans l'Empire romain. Le Moyen Âge n'est donc pas le temps de la libre pensée, car ce serait se placer hors de la société et de ses cadres, ni même de la liberté religieuse, car ce serait aller contre la nécessité politique et idéologique de l'unicité de la foi, prônée tant par les pouvoirs religieux que laïques.

Le contenu de la croyance officielle chrétienne a été établi dès 325, au cours du premier concile de Nicée qui établit le dogme de la Sainte Trinité (Dieu est unique en trois entités : le Père, le Fils et l'Esprit-Saint) et dénonce comme hérétiques (au sens littéral du terme, ce qui dévie de la foi « droite » – l'orthodoxie* –, établie par le concile) les croyances non conformes au dogme susdit. Ces mesures seront, par la suite, reprises et amplifiées par les sept autres conciles œcuméniques tenus durant le haut Moyen Âge. À partir du XIIe siècle, pour l'Occident, c'est le pape – chef de l'Église catholique, c'est-à-dire « universelle » – qui fixe le dogme en réunissant les évêques occidentaux à la basilique du Latran située dans la ville de Rome.

Très vite, l'orthodoxie chrétienne a servi de fondement à l'élaboration de l'idéologie souveraine. La conversion au catholicisme des souverains des royaumes germaniques instaurés après la disparition de l'Empire romain d'Occident, en 476, conduit, en effet, dès le VIIe siècle chez les Wisigoths de la péninsule ibérique, par exemple, à l'apparition d'une cérémonie particulière – le sacre* – par laquelle le roi est oint d'une huile bénie qui lui confère un supplément d'autorité en ce sens que l'onction crée un lien direct avec Dieu et assimile la personne ainsi distinguée aux rois-prêtres de l'ancien Israël. Pour les Francs, c'est en 751 que cette onction sera réalisée pour la première fois, sur la personne du père de Charlemagne, Pépin le Bref. Dès lors, la mission du souverain va être conçue en accord avec l'Église et dans un objectif eschatologique* : le souverain carolingien considère, ainsi, qu'il a le devoir de conduire son peuple vers le salut, ce qui lui confère autorité en matière de foi et de réforme de l'Église.

La conversion des souverains germaniques n'a sans doute pas entraîné, de manière automatique, celle des peuples qu'ils gouvernaient. Dès le Ve siècle, les évêques s'insurgent contre la persistance de cultes païens dans les campagnes.

Au cours du Moyen Âge, on assiste par ailleurs de plus en plus à une volonté d'intérioriser sa foi qui conduit à une évolution des mentalités religieuses : il s'agit, à l'instar des ordres religieux réformateurs du XIIe siècle, puis des frères mendiants au XIIIe siècle, de rechercher le « dialogue intérieur avec le Christ », d'imiter autant que faire se peut la vie apostolique pour approcher, au plus près, la souffrance du Fils de Dieu et cette forme d'amour du prochain – la *caritas* – qui est censée avoir été au fondement même de sa mort sur la croix. Ainsi se multiplient les confréries de pénitents, de flagellants, les groupes mystiques aussi, tels les béguins, ainsi que toutes les formes de vie religieuse permettant une mise en pratique de cette aspiration à l'ascèse et au rapprochement privé avec la divinité. On peut donc vivre de manière intense sa foi, en restant dans le siècle, croire mais de manière plus impliquée et moins dépendante des institutions de l'Église.

Ces tendances ont, de ce fait, pu être dénoncées comme hérétiques par l'Église, pour laquelle la frontière entre hérésie* et mysticisme se révèle souvent très ténue. Car si le dogme est établi dès le début du IVe siècle, la difficulté de sa compréhension entraîne bien vite des croyances différentes, ce que les historiens préfèrent nommer aujourd'hui des « dissidences » religieuses plutôt que des hérésies afin d'éviter l'écueil du jugement de valeur. La question, en particulier, de la nature du Fils, à la fois humaine et divine, se révèle particulièrement difficile à assimiler. Les premières « hérésies » portent donc sur ce point, en faisant du Christ tantôt un être humain et tantôt une divinité, sans lui reconnaître cette double nature. Plus tard, à l'époque carolingienne, d'autres croyances se font jour, notamment celle consistant à prétendre que le Fils a été « adopté » par Dieu. Cette hérésie, qui se développe dans le nord de la péninsule ibérique, est condamnée au concile de Francfort en 774. Autour de l'an Mil, les hérésies changent quelque peu de nature : il ne s'agit plus de s'interroger sur la nature du Christ, mais de remettre en cause l'attitude des clercs, voire la valeur des sacrements dans l'obtention du salut. C'est dès lors l'idéal apostolique qui est au cœur de la dissidence et la revendication d'une spiritualité de type ascétique y compris par les laïcs. C'est ainsi, en prêchant la pauvreté, que Pierre Valdès fait des disciples bientôt désignés par le terme « Vaudois », et c'est encore le principe ascétique de la pauvreté et le rejet du monde matériel que l'on retrouve aux origines du mouvement cathare. Les tribunaux de l'Inquisition*, mis en place spécialement pour dénoncer et pourchasser les hérétiques à partir de 1233, vont mettre au point un questionnaire précis afin de faire avouer leurs erreurs aux suspects et leur faire admettre la « vérité » établie. Soulignons que, contrairement à une idée largement répandue, l'objectif des inquisiteurs réside bien dans la volonté de faire triompher la vérité et non dans l'accumulation des condamnations et des exécutions : à partir du milieu du XIIIe siècle, la peine la plus courante devient l'emprisonnement et non le bûcher.

Cependant, être condamné pour hérésie ne veut pas dire que l'on ne croit pas. Qu'en est-il alors de l'athéisme ? A-t-il existé au Moyen Âge ? Certains maîtres de la faculté des arts de Paris furent, effectivement, condamnés au XIIIe siècle pour cette raison. Dès le début du XIIe siècle, certains penseurs s'interrogent sur les voies possibles d'une conciliation entre la foi et la raison. C'est le cas, notamment, du maître parisien Pierre Abélard. Auparavant, certains théologiens monastiques, comme saint Anselme, avaient fait porter leurs interrogations sur la raison de l'incarnation du Christ. Anselme d'Aoste, abbé du Bec puis archevêque de Cantorbéry, est également le premier théologien à avoir eu le projet de prouver l'existence de Dieu par l'usage de la logique. Dans son *Proslogion*, il fait reposer son argumentation sur la déduction pure.

Mais la grande affaire va être, au XIIIe siècle, l'application au domaine de la théologie des principes logiques et l'utilisation des instruments de la scolastique – c'est-à-dire l'art du raisonnement qui est à la base de toute science au Moyen Âge – appliqués à la connaissance de Dieu.

Tout commence dans la péninsule ibérique, au milieu du XIIe siècle. À Cordoue, vit en effet un lettré, juriste et médecin musulman, nommé Ibn Rushd – celui que les occidentaux vont appeler Averroès. Ce dernier va traduire et commenter plusieurs ouvrages d'Aristote, dont la *Physique* et le *Livre du ciel et de la terre*, livres dans lesquels certaines idées – telle l'éternité du monde – peuvent aller à l'encontre du dogme et nier le principe de la Création. Il s'interroge également, dans son *Discours décisif* notamment, sur le statut de la philosophie et sur l'usage de la raison dans la compréhension du message coranique. Or, selon Averroès, le Coran, s'il ne contient qu'une seule vérité, se révèle cependant différemment selon les personnes et commande, à ceux qui en sont capables, d'accéder à la connaissance de Dieu par l'outil intellectuel.

La réception des œuvres d'Averroès en Occident provoqua une grave crise au sein de l'université de Paris au milieu du XIIIe siècle. Certains maîtres de la faculté des arts libéraux* furent accusés d'hérésie et d'athéisme, en ce sens qu'on les tenait pour partisans d'une double vérité – la vérité révélée et la vérité démontrée par la raison, qu'ils auraient considérée comme supérieure – qui aurait ruiné, par la philosophie, le dogme.

Dans les années 1270, l'Église trouva néanmoins la parade en la personne du dominicain Thomas d'Aquin. Dans sa *Somme de théologie*, conçue comme un manuel pratique et exhaustif destiné tant aux maîtres qu'aux étudiants de théologie, Thomas d'Aquin procède par questions résolues par le raisonnement (c'est le principe de la *disputatio*, exercice scolastique par excellence). La première partie est consacrée à Dieu, envisagé comme le principe dont toute chose procède. On trouve ainsi abordée cette question – Dieu existe-t-il ? – qui, sous la plume de Thomas d'Aquin, n'en est pas vraiment une. Il s'agit, pour lui, de démontrer par le raisonnement la nécessité de l'existence de Dieu en utilisant les outils logiques.

Il est une autre figure représentative de « l'athéisme » médiéval, ou tout au moins accusée d'hérésie par l'Église à plusieurs reprises : il s'agit de l'empereur du Saint-Empire romain germanique Frédéric II (1194-1250). Ce dernier, d'une culture et d'une curiosité intellectuelle cosmopolites, fut, entre autres, accusé d'être l'auteur d'un libelle intitulé *Les Trois Imposteurs : Moïse, Jésus et Mahomet*, dans lequel il se serait élevé contre les fausses croyances répandues par ces trois personnages. Derrière les condamnations et excommunications répétées prononcées contre l'empereur, il faut voir, en fait, l'incompréhension de l'Église vis-à-vis tant de l'attitude de ce personnage, qui préféra négocier avec les musulmans lors de la Croisade de 1229, et reprendre la ville de Jérusalem sans coup férir, que de sa curiosité intellectuelle pour la science. Ainsi, en 1229, adressa-t-il au sultan d'Égypte puis au gouverneur de Ceuta une série de questions, les *Questions siciliennes*, portant sur les sciences et la philosophie d'Aristote, parmi lesquelles on trouvait une question sur l'immortalité de l'âme. Pour autant, Frédéric II ne fut pas plus tolérant qu'un autre vis-à-vis des religions non chrétiennes, une attitude de toute façon anachronique pour le Moyen Âge.

Car la tolérance religieuse que l'on aurait pu rencontrer dans certaines régions des rives nord de la

Méditerranée au Moyen Âge, telles la Sicile ou la péninsule ibérique, reste limitée. Dans le monde musulman médiéval, comme chez les chrétiens, les minorités religieuses sont soumises à l'autorité juridique du prince : chrétiens et juifs possèdent le statut de *dhimmis* (les « protégés ») dans le monde musulman, juifs et musulmans forment des *aljamas* – communautés juridiquement reconnues – dans les royaumes de la péninsule ibérique à partir du XIIe siècle. Ces deux types de statut impliquent la possibilité de continuer à pratiquer sa religion et le droit de s'administrer de façon autonome, sous la protection accordée par le prince, ce qui peut justifier la levée de taxes spéciales, en contrepartie de l'interdiction de tout prosélytisme. Il n'y a là cependant aucune idée de tolérance, qui reposerait sur des considérations morales ou philosophiques bien anachroniques pour le Moyen Âge et une grande partie de l'époque moderne (l'Édit de Nantes n'a rien, non plus, de « tolérant » au sens de reconnaissance), mais un simple aménagement des conditions de vie de populations, par ailleurs considérées et traitées comme des minorités.

« L'Église était très riche. »

Notre institution et notre ordre excluent les églises, les autels, les sépultures, les dîmes du labour (...) les revenus des fours et des moulins, et les autres choses semblables contraires à la pureté monastique.*

Statuts de l'ordre cistercien, 1134

La richesse de l'Église médiévale provient du succès rencontré auprès de la population par les différents ordres religieux apparus tout au long du Moyen Âge. C'est par le biais des donations pieuses, en effet, considérées comme une forme possible de rémission des péchés, que se sont constitués les temporels* des établissements ecclésiastiques. Ce mouvement de donations concerne tous les ordres religieux et représente l'une des raisons de la disparition progressive des alleux* paysans notamment.

Pourquoi donnait-on ses biens immobiliers à l'Église ? Il faut se tourner, pour répondre à cette question, vers l'histoire des mentalités et considérer l'organisation des structures familiales. La médiéviste américaine Barbara Rosenwein, spécialiste d'anthropologie historique, a ainsi pu mettre à jour les mécanismes mentaux à l'œuvre dans l'acte de donation, en se fondant sur les sources relatives au grand monastère bourguignon de Cluny, fondé en 909. Sur la base des mécanismes qui régissent les sociétés anciennes, notamment le principe du don qui doit être compensé par un contre-don pour rétablir l'équilibre dans la relation, elle démontre que la donation à Cluny permet d'inclure le monastère dans le champ des relations d'amitié et de fidélité, nécessaires au maintien du tissu social et dont on attend, en retour, protection et faveur. Saint Pierre, sous le patronage duquel était placée l'abbaye, est considéré comme le prince des Apôtres, celui-là même auquel le Christ confia la mission de fonder l'Église, donc un intercesseur de grande qualité auprès de la divinité. Elle souligne, en outre, que les puissants bienfaiteurs du monastère bénédictin avaient tous un lien de parenté plus ou moins proche avec un membre de l'ordre: ainsi, donner au monastère revenait à donner à un membre de sa famille, renforçant par-là les structures de parenté.

Les terres données, ou acquises par achat par les établissements ecclésiastiques, sont généralement mises en valeur par le système de la seigneurie: une partie est confiée à des salariés, domestiques employés à l'année ou saisonniers, cependant qu'une autre est baillée en location à des tenanciers contre le paiement de redevances locatives, en sus de la dîme* instaurée à l'époque carolingienne, principale source de revenus des desservants des paroisses. Il existe donc des seigneurs ecclésiastiques, individuels (évêque, abbé) ou collectifs (chapitre* cathédral, communauté monastique...) dont les méthodes de gestion et les rapports avec le monde paysan sont strictement identiques à ceux des seigneurs laïques. De ce point de vue, il n'y a bien qu'un seul monde seigneurial au mode de vie et aux mentalités communs.

Cependant, le succès des donations pieuses a pu entraîner certains ordres religieux à dévier de leur vocation primitive: tous les moines bénédictins prononcent, en effet, des vœux dont celui de pauvreté personnelle, qui peut être entendu, également, comme un vœu applicable à la communauté monastique entière. C'est le cas, notamment, des moines cisterciens dont l'idéal, exposé dans les statuts de 1134, repose sur un retour à la vie apostolique et le refus du système de la seigneurie. Pour vivre, les cisterciens doivent se contenter du travail de leurs mains et de la mise en valeur, par une catégorie particulière de frères que l'on nomme les frères convers, des terres qu'on leur a cédées. Pour accomplir cet idéal qui touche également à une forme d'expérience mystique ascétique, les cisterciens s'installent « au désert », c'est-à-dire loin de tout lieu habité. La pauvreté cistercienne s'entend de manière extrêmement rigoureuse au départ : il s'agit d'une ascèse physique – les moines doivent se vêtir d'une tunique de laine grossière et non teinte, et limiter strictement leur nourriture – et morale, fondée sur la notion d'obéissance. Ainsi, les moines, en rompant avec les habitudes et le mode de vie de l'aristocratie dont ils sont issus, pourront accomplir pleinement leur vocation. Pourtant, cet idéal devient bien vite impossible à tenir : en préférant, en effet, le faire-valoir direct (c'est-à-dire le refus de louer les terres aux paysans, ce qui est la base du système seigneurial), en s'installant dans des régions qu'il faut défricher pour les mettre en valeur, en achetant de nombreuses terres pour agrandir leurs domaines et les rendre plus cohérents, les cisterciens se sont retrouvés à la tête d'entreprises agricoles performantes.

La question de la pauvreté au sein de l'Église rebondit, au XIIIe siècle, avec l'apparition d'un nouveau type de religieux : les frères mendiants. Ces derniers, qui ne sont pas des moines car ils ne respectent pas le vœu de clôture, ont pour vocation de transmettre le message évangélique en fondant leur crédibilité sur l'exemple. Ils observent donc une pauvreté de type ascétique et prêchent la bonne parole de manière itinérante, à l'image de la prédication apostolique. C'est au sein de l'ordre des franciscains, créé au début du XIIIe siècle par saint François d'Assise, que l'idéal de pauvreté va être le plus âprement débattu. Le saint souhaitait, en effet, que ses frères observent une pauvreté absolue, c'est-à-dire aussi bien individuelle que collective. Cet idéal fut poursuivi par une partie des franciscains seulement, après la mort de saint François en 1226, formant le courant dit des Spirituels et rassemblés notamment autour de la figure du catalan Pierre de Jean Olivi. Cependant les formes extrêmes d'ascèse, pouvant conduire au mysticisme et à l'hérésie*, furent bientôt condamnées par l'Église, notamment au concile de Lyon II en 1274. Ainsi les Spirituels durent-ils renoncer à leur idéal en 1317, le pape Jean XXII estimant que la pauvreté ne pourrait s'appliquer qu'aux individus et non aux établissements de manière collective. La plupart des Spirituels furent alors arrêtés et traduits devant les tribunaux d'Inquisition*. Une partie d'entre eux seront brûlés, à Marseille et en Catalogne, entre 1318 et 1320.

La situation moralement délicate dans laquelle se trouvent les établissements ecclésiastiques, versés dans l'idéal de pauvreté mais à la tête de richesses indéniables, traduit bien les ambiguïtés que l'Église peut entretenir avec l'argent. Cette dernière condamne, en effet, théoriquement toute forme d'enrichissement qui ne serait pas due à un travail effectif. Cependant, dès la fin du XIIIe siècle, l'Église finit par reconnaître l'utilité sociale du marchand-usurier et prend en compte les risques réels de cette profession. En outre, la papauté, comme tout autre puissant à l'époque, ne peut se passer d'entretenir des relations étroites avec les hommes d'affaires italiens, notamment, un milieu social qui fournit également nombre de frères mendiants, voire même un pape, Innocent IV, issu de la famille génoise des Fieschi.

La richesse de l'Église provient, donc, essentiellement de l'institution elle-même : les bâtiments construits à la gloire de Dieu sont souvent, pour cette raison même, somptueux et nécessitent des mises de fonds très importantes, ce qui place les clercs dans une position délicate. En outre, la cour pontificale, à Rome ou en Avignon, déploie un faste digne des plus grandes cours souveraines car elle fonctionne sur les mêmes principes : il s'agit d'un lieu de pouvoir (le pape est, à partir du XIIIe siècle, un monarque véritable) impliquant services et fonctionnaires, régi par les mêmes codes de comportement et correspondant à un très grand marché de consommation.

« Le Moyen Âge est le temps des Croisades. »

Il est clair que l'Orient arabe voit toujours en l'Occident un ennemi naturel (...). Et l'on ne peut douter que la cassure entre ces deux mondes date des Croisades, ressenties par les Arabes, aujourd'hui encore, comme un viol.

Amin Maalouf, *Les Croisades vues par les Arabes*, 1992

La Croisade, version armée et agressive du pèlerinage, se définit, au Moyen Âge, comme une guerre menée contre les ennemis intérieurs ou extérieurs de la chrétienté, pour la reconquête de terres autrefois chrétiennes (c'est la justification idéologique utilisée dans la péninsule ibérique, entre le milieu du XIe siècle et 1493, qualifiée de « Reconquête ») ou pour la défense de l'Église. Les « ennemis » peuvent, dès lors, être musulmans, mais aussi païens (c'est le cas des populations slaves et baltes), hérétiques ou encore peuvent représenter un danger politique pour la papauté.

Cependant, dans l'imaginaire collectif, ce sont les Croisades orientales qui s'identifient le plus à cette forme de conquête. Entre 1095 et 1291, vont en effet se succéder huit Croisades ayant pour objectif principal la Palestine et les terres musulmanes de la Méditerranée orientale. Partie intégrante de l'Empire byzantin (ou chrétien d'Orient), la Palestine est effectivement conquise par les musulmans et rattachée au califat de Bagdad au début du VIIe siècle. À l'issue de la première Croisade (1095-1099) quatre nouveaux États apparaissent en Orient, fondés par les croisés, dont le plus important et prestigieux est le royaume de Jérusalem. La quatrième Croisade (1202-1204), détournée sur Constantinople par l'incapacité devant laquelle se trouvent les croisés de payer leur passage en Palestine aux Vénitiens, marque également un bouleversement dans l'ordre géopolitique et dans les mentalités en Méditerranée orientale : le sac de la ville de Constantinople perpétré par les croisés, en avril 1204, fonde durablement une rupture entre les Byzantins et les chrétiens occidentaux.

Le terme « Croisade » vient du latin médiéval *cruce signatus* – « marqué par la croix » – en raison de l'image que portent ceux qui y participent sur leur vêtement. Ce signe indique que le croisé accomplit, avant tout, un pèlerinage, mais d'un genre particulier : il répond à l'appel lancé par le pape, indispensable au caractère même de la Croisade, et qui permet d'obtenir le rachat de ses péchés par le système des indulgences. La destination du voyage, Jérusalem (sauf pour la quatrième, la cinquième et la septième Croisade) représente l'un des principaux lieux saints de la chrétienté et se trouve très prisé par les occidentaux depuis le haut Moyen Âge. Cependant, les crises politiques qui s'ouvrent respectivement dans le monde musulman (fondation du califat Fatimide au Caire à la fin du Xe siècle et de l'empire turc Seldjouquide au milieu du siècle suivant) et byzantin (la montée sur le trône de l'empereur Alexis Comnène, en 1081, met fin à une crise de succession) vont entraîner l'appel à l'aide des chrétiens orientaux à ceux que l'on nommera désormais en Orient les « Francs », c'est-à-dire les croisés.

Car la Croisade est aussi une véritable guerre dont les soldats se recrutent auprès d'un groupe social en pleine expansion en Occident au XIe siècle, formé par les guerriers, que l'on nomme les *milites*, constituant le deuxième ordre de la société après le clergé.

Quelles ont pu être les motivations des croisés ? Il ne faut, sans doute, pas tenir pour négligeables les motivations purement religieuses (c'est l'argumentaire développé, par exemple, par le pape Urbain II en 1095 : il s'agit alors d'aller délivrer le tombeau du Christ des mains musulmanes et, de la sorte, d'aider les chrétiens d'Orient par l'entente nouée avec l'empereur byzantin). La promesse de la rémission plénière des péchés, l'assimilation aux martyrs de ceux trouvant la mort dans ces aventures ont touché, sans aucun doute, très profondément la spiritualité populaire en garantissant aux croisés leur salut et en leur offrant, pour l'accomplir, une autre voie que l'habit monastique. En outre, les *milites christi* acquéraient par leurs exploits contre les musulmans gloire et renommée, en même temps qu'ils satisfaisaient leur soif d'aventure, prolongeant ainsi, en Orient, le rôle qui était le leur dans la société occidentale.

Car il est un point sur lequel il convient d'insister pour mieux comprendre les tenants idéologiques des Croisades, qu'elles soient vues du côté chrétien ou musulman : c'est la sacralité que revêt pour les trois religions monothéistes la ville de Jérusalem.

Pour les chrétiens, l'intérêt de Jérusalem tient en la présence du Saint Sépulcre, église élevée au-dessus du tombeau du Christ, près du rocher du Calvaire, bâtie dès le IVe siècle, lorsque la mère de l'empereur romain Constantin, Hélène, y découvrit, selon la légende, les vestiges de la croix et des instruments de la Passion. Cette église, détruite au milieu du XIe siècle, fut réédifiée en 1149 sous la forme d'une église romane. Les musulmans ont élevé, quant à eux, dès le VIIe siècle, la mosquée Al-Aqsa et le dôme du Rocher – oratoire édifié sur le lieu où Mahomet aurait rencontré les prophètes bibliques et se serait élevé au ciel – sur l'esplanade de l'ancien temple de Salomon. La ville devient un véritable enjeu religieux à l'époque de Saladin (1169-1193), la prise de la ville par les musulmans en 1187 sonnant comme la revanche de celle, par les croisés, de 1099 qui s'était soldée par un massacre perpétré contre les populations musulmanes et juives. Saladin restaure, notamment, de façon symbolique la sacralité musulmane de la ville en faisant rétablir dans leur intégrité (on abat les croix) les édifices musulmans. La figure de Saladin, prince kurde né à Takrit, en Mésopotamie, est restée attachée à l'idée de *djihâd* et à la victoire contre les chrétiens dans le monde arabe. Ceci explique que de nombreux dirigeants contemporains proche-orientaux, tels le président syrien Hafez al-Assad ou le dictateur irakien Saddam Hussein, se soient réclamés de lui. En ce sens, l'assimilation faite par certains dirigeants occidentaux de la dernière guerre d'Irak à une nouvelle Croisade ne pouvait que réveiller, dans le monde musulman, des sentiments de haine et raviver l'idéal censé avoir été porté par Saladin. Du côté chrétien, la guerre sainte est le prolongement naturel de la volonté de l'Église de transformer les guerriers en chevaliers agissant pour une cause considérée comme juste. En outre, à la veille de la première Croisade s'impose en Occident l'image d'un Islam pervers et maléfique, propagé par un faux prophète s'étant adonné à la luxure. Cette image ne sera pas démentie par les premiers récits que feront les croisés, tant il est vrai que le choc culturel fut rude.

En 1229, l'empereur Frédéric II reprend la ville aux autorités musulmanes, à la suite de négociations et non d'opérations militaires. Si ses motivations sont aussi religieuses (il s'agit de garantir l'accès aux lieux saints en toute sécurité pour les chrétiens en plaçant sous leur contrôle le cœur de la ville), la manière dont l'empereur excommunié a conduit cette drôle de Croisade lui vaudra incompréhension et mépris de la part de la papauté.

En 1291, après la prise de Saint-Jean d'Acre par les musulmans, les perspectives de Croisade s'éloignent pour les occidentaux. Si, au bas Moyen Âge, certains princes rêveront encore de s'affronter de la sorte aux Turcs, tel le duc de Bourgogne Philippe le Bon (1396-1467), la guerre de Cent Ans (1337-1453) mettra cependant un terme à ce genre d'expédition en concentrant les efforts militaires sur le sol français.

« Les Templiers ont caché un trésor. »

Les chevaliers du Prieuré de Sion apprirent l'existence de documents secrets, enfouis sous les ruines de l'ancien Temple d'Hérode (...). Les membres du Prieuré se sont alors juré de (...) toujours les protéger par la suite, afin que le secret qu'ils contenaient ne disparaisse jamais.

Dan Brown, *Da Vinci Code*, roman policier, 2004

Qui sont les Templiers ? Quelle est la nature du « trésor » qu'ils sont censé avoir enfoui et dont on ne sait plus trop bien, à lire les avatars littéraires de cette histoire, s'il s'agit d'un véritable trésor, sonnant et trébuchant, ou d'un secret explosif concernant l'Église. Car les romanciers et autres littérateurs, mêlant les informations factuelles exactes aux élucubrations, s'entendent depuis bien longtemps à entretenir le mystère.

Le mythe relatif à l'ordre du Temple trouve racine au XVIIIe siècle, lorsque l'on voulut voir, de manière artificielle, dans la toute récente franc-maçonnerie l'héritage spirituel des défunts Templiers. La Révolution française enrichit la légende en campant les Templiers et francs-maçons en sectateurs antichrétiens. Dès lors, la machine était lancée, et nombre de sectes des XIXe et XXe siècles, désireuses de se rattacher au christianisme primitif, allaient se réclamer de cette prestigieuse filiation. Ces légendes se fondent sur la fin tragique et brutale que connu l'ordre des Templiers au début du XIVe siècle, à l'issue d'un procès pour hérésie* intenté par le roi Philippe Le Bel et dont Jules Michelet, entre autres, a fait son miel.

Pourtant, rien dans l'histoire de l'ordre ni dans les objectifs qui lui sont assignés dès sa création ne relève du mystère. Les Templiers – nommés à l'origine Pauvres chevaliers du Christ et du Temple de Salomon, puis Milice du Temple – apparaissent à Jérusalem en 1120. Leur objectif est, au départ, de protéger les pèlerins chrétiens venus en Terre sainte. Ils s'installent sur l'emplacement de l'ancien temple de Salomon, au cœur même de la ville sacrée. Leur fondateur est l'un des compagnons du célèbre croisé Godefroy de Bouillon, Hugues de Payns, un chevalier d'origine champenoise. Cette fondation s'inscrit parfaitement dans le contexte de la première Croisade et répond aux aspirations spirituelles de la classe des nobles, ceux que dans la division tripartite de la société médiévale on nomme les *milites* (ceux qui combattent). Saint Bernard, un noble bourguignon entré au monastère de Clairvaux avec plus de trente de ses parents en 1115, se place comme le véritable guide spirituel de la Croisade : il encourage, dans le sermon qu'il adresse aux chevaliers du Temple – *Éloge de la nouvelle chevalerie* – les *milites* à rejoindre la « Milice du Christ », c'est-à-dire à renoncer à la violence gratuite et cupide (ce qu'il nomme la *malicia*, qu'il oppose par un jeu de mot au terme *militia*) pour mettre leur puissance au service de la cause chrétienne

La règle adoptée par le Temple en 1129 à Troyes est, selon l'historienne Simona Cerrini, « ni ascétique, ni héroïque ». Fondée sur la règle de saint Benoît, en vigueur dans les monastères occidentaux depuis le IXe siècle, elle met l'accent sur la stricte hiérarchie qui doit structurer l'ordre, distinguant entre le maître, les frères chevaliers formant le chapitre, les prêtres et les sergents. S'ajoutent à cet ensemble un certain nombre de personnes qui, tout en ne prononçant pas de vœux, s'associent à l'ordre : ce sont les confrères et consœurs, dont la réception doit être accompagnée d'une donation. Les donats, quant à eux, cèdent l'ensemble de leurs biens à l'ordre et sont enterrés en habit de Templier dans le cimetière de la commanderie. Les frères recrutent dans toutes les catégories sociales, mais la majorité des frères chevaliers possède une origine noble. Les rites d'admission n'ont rien d'étrange ni de mystérieux : le postulant doit être interrogé par le chapitre de la commanderie qu'il souhaite intégrer avant que son admission ne soit définitive. On peut également exiger du nouveau frère un cadeau à remettre au maître lors de son admission (arme, cheval, somme d'argent).

La mission des Templiers consiste à assurer la défense militaire des frontières des États latins d'Orient nés avec la première Croisade. Ces activités passent par la participation effective aux combats, en Terre sainte mais aussi dans la péninsule ibérique, où les Templiers se verront dotés de vastes territoires par les souverains de Castille et d'Aragon en remerciement de leur aide. Ils doivent aussi assurer la garde des forteresses frontalières avec les terres musulmanes, telles celles de Tortose, en Aragon, et d'Arima au nord du comté de Tripoli. Pour accomplir au mieux leur mission, ils ont besoin de faire des recrues, qui permettent un renouvellement des troupes stationnées en Orient, mais aussi de moyens financiers pour permettre à l'ordre de vivre. C'est là l'origine de l'implantation du Temple en Occident. Leur richesse se traduit, en premier lieu, par les revenus tirés de l'exploitation seigneuriale de leurs terres mais également des centres urbains, qu'ils contribuent à agrandir en étant à l'origine de nouveaux quartiers.

Leur implication dans les circuits de l'économie internationale les transforme, en outre, en créanciers, aussi bien des puissants que des plus humbles, pratiquant des taux d'intérêt souvent usuraires, de l'ordre de 20 % ! Les rapports du Temple avec les souverains se nouent donc aussi sur ce terrain-là : ainsi, les Templiers sont-ils les gardiens (et gestionnaires) du Trésor du roi de France au XIIIe siècle, un terme qui désigne l'institution chargée de la gestion des ressources ordinaires de la royauté. Sans doute tient-on là l'origine de la confusion qui va s'opérer dans les esprits, par la suite, entre la charge de gardiens du Trésor et la possession d'un véritable trésor, les Templiers étant, il est vrai, des seigneurs fort riches.

Pourquoi les Templiers ont-ils été arrêtés ? Cette question a suscité nombre de débats et généré de nombreux fantasmes relatifs aux pratiques supposées mystérieuses de cet ordre. Il faut s'arrêter un instant sur le contexte qui permet de comprendre, sinon d'expliquer, l'engrenage de la machine judiciaire lancée contre le Temple en 1308. La fin du XIIIe siècle marque le revers complet des chrétiens occidentaux en Orient : après la chute de Saint-Jean d'Acre en 1291, les perspectives de Croisade s'éloignent. L'échec des États latins d'Orient rend la raison d'être des ordres militaires douteuse et l'idée que leur nombre, à tout le moins, doit être diminué germe dans certains esprits. Le nouveau maître de l'ordre du Temple, Jacques de Molay (1292-1314), refuse cependant la solution de s'unir aux autres ordres militaires qui lui est proposée par le roi de France. S'ajoutent à ces motifs des mobiles financiers – en clair la volonté de s'emparer des biens templiers – qui ont animé le roi de France dans sa volonté d'éradiquer l'ordre, sans en être la raison exclusive. Dès lors, la machine judiciaire est lancée contre eux, et c'est un procès pour hérésie que l'on va intenter au Temple, sanctionné par la dissolution de l'ordre prononcée au concile de Vienne en 1312. Les accusations portées contre les Templiers – pratiques bestiales, rejet du Christ et de la croix, adoration d'idoles inspirées de l'Islam – ne doivent, dès lors, pas surprendre. Les condamnations au bûcher ne concernèrent, cependant, que des Templiers du royaume de France, à Paris et en Languedoc essentiellement. On connaît la célèbre malédiction lancée, à cette occasion, par le grand maître Jacques de Molay, adressée au roi Philippe IV et au pape, les maudissant jusqu'à la treizième génération. Quant aux biens de l'ordre, le fameux trésor, ils furent octroyés aux Hospitaliers (futurs chevaliers de Malte, un ordre fondé pour soigner les pèlerins) et restèrent, de la sorte, entre les mains de l'Église.

LES LUMIÈRES DU MOYEN ÂGE

« L'amour courtois a permis la promotion de la femme. »

Hélas ! Moi je ne peux sortir de ma tristesse
Car Amour cherche à me faire du mal
Il m'oblige à penser
À celle qui ne m'est que rigueur
Ah ! Pour trop bien aimer
Je mourrai je le sais.

Gace Brulé, seconde moitié du XIIe siècle

Le Moyen Âge a-t-il inventé l'amour courtois ? Mêlant prouesses chevaleresques et respect des dames, la courtoisie est censée, dans l'imaginaire collectif, définir la période médiévale, tout autant que la violence et l'exploitation du monde paysan par les seigneurs.

Force est de constater qu'ici encore, l'imagination des romantiques du XIXe siècle est allée bon train pour forger une image idéalisée et fausse des mœurs médiévales. Car il faut, tout d'abord, s'entendre sur les termes : la « courtoisie », au sens strict, qualifie la vie et les mœurs en vigueur au sein des cours seigneuriales et princières à partir du XIIe siècle. Il s'agit de désigner un ensemble de manières de vivre et de comportements sociaux fondés sur les valeurs prônées par l'aristocratie : générosité, familiarité, tempérance, mais aussi fort sens de la hiérarchie et de la préséance. Le domaine amoureux, entendu comme l'ensemble des comportements à adopter en présence d'une dame, ne constitue que l'un des aspects de la culture de cour, aux côtés des manières de table et de l'apprentissage du métier des armes. L'expression

« amour courtois » n'a, d'ailleurs, pas été forgée au Moyen Âge, mais date du XIXe siècle. Pour désigner le code de comportement à respecter en présence des femmes de l'aristocratie se répand dans le Midi, dans le courant du XIIe siècle, le terme *fin'amor*.

La courtoisie est la matière d'une abondante production littéraire, en langue vernaculaire, destinée au public aristocratique dès les XIIe et XIIIe siècles. La forme la plus ancienne en est la *canso*, long poème associé à de la musique, née en Aquitaine au tout début du XIIe siècle. Le duc d'Aquitaine Guillaume IX (1071-1127) est le premier troubadour à en avoir produit. On distingue, ensuite, le roman* courtois, une forme de poésie également, dont le sujet peut être puisé dans la mythologie celtique ou l'histoire ancienne. Les plus célèbres sont ceux de Chrétien de Troyes (1135-1183), attaché à la cour de Marie de Champagne, fille d'Aliénor d'Aquitaine et du roi capétien Louis VII. Ils narrent, entre autres thèmes, les amours des compagnons du roi Arthur, les chevaliers de la Table Ronde. Plus tard, une forme germanisée de ce type de littérature apparaît, connue sous le nom de *Minnesang*.

L'amour des romans est très fortement codifié, l'objectif étant d'apprendre par le divertissement aux jeunes élevés à la cour du seigneur les règles et les valeurs de leur milieu social. Sont mis en exergue certains sentiments, comme le désir, aiguisé par l'attente et les épreuves que le chevalier devra subir avant d'atteindre son but, le courage, la patience, l'humilité également. Car la dame, souvent plus âgée que son prétendant, est placée généralement hors d'atteinte : elle peut être loin, visage à peine entrevu à l'occasion d'un tournoi, ou inaccessible car déjà mariée au seigneur du jeune amant. Figure éminente, elle impose épreuves et atermoiements à son prétendant et lui enjoint discrétion et secret. Les termes utilisés par les troubadours pour qualifier la relation tissée entre le chevalier et sa dame sont empruntés au vocabulaire vassalique ; il s'agit d'accomplir un véritable service amoureux et d'imposer au jeune homme un hommage en tous points semblable à l'hommage dû au suzerain. Par ce biais, l'amour devient également didactique et l'image de la femme valorisée. Les troubadours inventent, en effet, un langage culturel nouveau dont on trouve, au XIIIe siècle, des échos jusque dans la littérature mystique pour exalter l'union avec le Christ.

Car, malgré le caractère a priori impossible de l'amour mis en scène dans les romans, c'est bel et bien l'union entre un homme et une femme qui est exaltée. Qu'en est-il, alors, de la place des femmes au sein des familles nobles ? Leur condition s'est-elle trouvée améliorée par ce biais ? Le médiéviste Georges Duby a montré, par l'étude des histoires des lignages aristocratiques qui commencent à être mises en forme à partir du XIe siècle, combien les femmes servaient les intérêts politiques et stratégiques des chefs de lignages, et pouvaient être considérées, bien souvent, comme de simples pions sur l'échiquier local ou régional. Les types de liens matrimoniaux que l'on rencontre dans le monde seigneurial entre XIe et XIIIe siècle sont généralement hypergamiques, l'épouse apparaissant d'un rang social plus élevé que celui de son époux. L'alliance prestigieuse, avec la fille d'un comte ou d'un duc par exemple, permet aux lignages récents d'accroître leur patrimoine et d'acquérir gloire et renommée. À partir des années 1100 toutefois, les alliances moins prestigieuses sont plus fréquentes, car il s'agit désormais de consolider le patrimoine acquis en accaparant les terres alentour. De même, la discipline matrimoniale des lignages se relâche : tous les fils peuvent espérer, tôt ou tard, trouver une épouse et fonder une branche collatérale du lignage principal. On constate une dégradation progressive du statut économique des femmes de l'aristocratie passé le XIIe siècle : l'évolution, en particulier, des apports patrimoniaux au moment du mariage (monétarisation de la dot, disparition du douaire* immobilier) expliquent en partie ce fait.

L'idéal de l'amour courtois valorise-t-il l'image des femmes ? Le cadre en est souvent un jardin, allégorie de l'amour et du printemps, le temps de la jeunesse. Le plus célèbre roman courtois utilisant ce procédé date du XIIIe siècle. Il s'agit du *Roman de la Rose*, une œuvre intrigante composée de deux parties bien distinctes dues à deux auteurs différents. Entre 1225 et 1240, furent écrits les 4 000 premiers vers que l'on doit à la plume d'un certain Guillaume de Lorris. Ce texte met en scène, sur le mode du songe, un héros pénétrant dans un jardin merveilleux où, blessé par les flèches d'Amour, il s'éprend de la Rose. Grâce à l'intervention de différents personnages allégoriques, il apprend les règles de l'amour courtois qui doivent lui permettre d'atteindre son objectif : donner un baiser à la Rose. De toute évidence, l'auteur a souhaité livrer par-là une véritable somme sur l'art d'aimer qui fait du *Roman de la Rose* un manuel de conquête amoureuse.

La continuation du roman, due au clerc Jean de Meung, transforme cependant radicalement l'œuvre. À la fin du XIIIe siècle, ce membre de l'Université de Paris ajoute, en effet, 18 000 vers bien éloignés des règles un peu guindées de la courtoisie. La Rose, devenue sous la plume de l'auteur une allusion à peine voilée au sexe féminin, reste l'objet de la conquête, cependant que le héros atteint son but grâce à Nature et à Vénus. La langue de l'auteur apparaît très crue, voire ordurière à l'encontre des femmes, et semble servir à exalter le plaisir et la sexualité hors mariage (« toutes pour tous et tous pour toutes ! »).

La critique que dresse Jean de Meung du mariage et des femmes a suscité débat et controverse dès le XIVe siècle. Parmi les détracteurs du roman, on rencontre ainsi Christine de Pisan, biographe du roi Charles V et auteur de poèmes courtois. La littérature courtoise a, en effet, connu un grand succès auprès des femmes de l'aristocratie qui peuvent s'approprier ce genre de culture, bien que la femme y joue le rôle, bien souvent, de simple objet. Par ailleurs, dès le XIIe siècle, on trouve des femmes troubadours (les *trobairitz*), dont Marie de Ventadour, la comtesse de Die ou encore Marie de France. Genre littéraire autant que manière d'être, la courtoisie, si elle n'a pas eu de réel impact social sur la condition féminine se déclina bien au féminin.

« La nature était préservée. »

Que l'on interroge la nature ou que l'on consulte l'Écriture, elles expriment un seul et même sens, d'une façon équivalente et concordante.

Richard de Saint-Victor, *Benjamin Major*, milieu du XIIe siècle

Ce que les hommes du Moyen Âge entendent par « nature » peut s'étendre à différents domaines, notamment ce qui relève de l'inné – chez les êtres vivants comme dans l'univers – par rapport à ce qui est acquis par la transformation, la culture et l'éducation. On distingue ainsi, à partir du XIIe siècle, un courant de pensée, hérité de la philosophie grecque antique, relatif à l'observation de la « nature des choses » (*de natura rerum*) et de tout ce qui se produit dans le monde sans la volonté ou l'intervention de l'homme, tels les phénomènes naturels et météorologiques, ce qui ne veut pas dire, pour autant, que ces derniers ne répondent à aucune logique. Car la nature est également un espace symbolique, où peut se lire, comme dans l'Écriture, le doigt de Dieu et, en ce sens, recèle une part de sacré. Ce sera, dès lors aussi, le lieu des expériences mystiques et de l'initiation. Les hommes du Moyen Âge entretiennent, ainsi, avec la nature des rapports complexes, qui ne peuvent se réduire à l'équation nature contre civilisation, ni aux thématiques de la maîtrise du milieu et de sa domestication.

Depuis le XIXe siècle et l'essor de l'industrialisation, s'est forgé cependant le mythe d'une nature préservée et sauvage qui aurait servi de cadre aux civilisations médiévales. Cet « âge d'or » de la nature s'incarne alors notamment, sous la plume des romanciers, à l'image de Walter Scott, ou sous le pinceau des peintres préraphaélites, dans la forêt, quintessence à la fois d'un milieu ambiant intact prédominant et de peurs ancestrales censées avoir gouverné les émotions médiévales. Les historiens du siècle dernier ont, à leur manière, renchéri sur cette idée en stigmatisant le « retour » de la nature qui aurait marqué la rupture entre le monde romain, dans lequel les espaces naturels cédaient le pas aux champs de céréales, et le haut Moyen Âge. Il est vrai que les crues exceptionnelles du Pô ou du Tibre au VIe siècle, ou encore les catastrophes météorologiques rapportées par Grégoire de Tours à la fin du même siècle, sont autant d'éléments attestés par l'archéologie et ayant contribué à transformer en profondeur le milieu naturel.

Pourtant, comme le remarque le médiéviste Jean-Pierre Devroey, « l'inculte domine, ce qui ne signifie pas que l'homme doive être « dominé » par la nature : une partie de l'historiographie est biaisée par une image unilatéralement répulsive des espaces sauvages, instrumentalisée par les auteurs chrétiens ». En outre, les fouilles archéologiques ont montré que les structures de l'habitat pouvaient être desserrées dès avant le Ve siècle et « l'océan vert » avoir gagné les campagnes dès le Bas-Empire. Les techniques de construction de l'habitat rural du très haut Moyen Âge témoignent également d'une évolution des mentalités et de la culture qui multiplie, dès le Ve siècle, les petits établissements ruraux familiaux au détriment des grandes exploitations extensives. L'homme transforme son environnement, notamment le couvert forestier, dès le VIIIe siècle, par le biais de l'ouverture de fronts de colonisation. En

Languedoc, Catalogne, mais aussi en Saxe les premiers défrichements peuvent être datés d'entre VIIIe et Xe siècle ; c'est également au Xe siècle que seront réalisés les premiers polders en Flandre.

L'apogée des défrichements se situe cependant durant le Moyen Âge central, entre XIIe et XIIIe siècle. La conquête de terres jusque-là incultes passe alors par la fondation de nouveaux villages, qui sont autant de nouvelles seigneuries, aux toponymes révélateurs, tels Beaumont, Bellechaume, Villefranche. Les investissements nécessaires à la mise en place des infrastructures des villeneuves ne peuvent se faire sans l'aide seigneuriale, voire l'association, sous la forme d'un pariage (une association), de deux seigneurs ou encore la collaboration entre un seigneur et les bourgeois d'une ville voisine, comme ce fut le cas lors de la réalisation de l'assèchement de l'étang de Montady, près de Béziers, au XIIIe siècle.

Les défrichements vont alors souvent de pair avec l'organisation institutionnelle des communautés rurales, formant des « universités », dont les statuts sont mis par écrit dès le XIIIe siècle. Ceux-ci visent à garantir les droits des villageois, notamment sur les espaces non cultivés – les communaux – qui cristallisent, dès la fin du XIIIe siècle, de vives tensions. Ainsi, en Haute-Provence, on remarque de nombreuses tentatives destinées à s'approprier les terres communes par la pratique de l'agriculture régulière en ces lieux ou par le recours à l'élevage spéculatif, introduisant des troupeaux « étrangers » à la communauté sur le terroir et conduisant, par-là, aux dégâts occasionnés par la surcharge pastorale. Les bois sont également l'objet de toutes les attentions, tant par les ressources complémentaires qu'ils peuvent procurer aux villageois (cueillette, bois de chauffe et de construction, terrain de pacage pour le bétail) que dans l'intérêt seigneurial (réserve de chasse, revenus tirés de l'exploitation du sous-sol et des cours d'eau). En France, les terres incultes du domaine royal, qui rapportent des revenus versés au Trésor – nommés les « droits de forêt » –, sont administrées par des fonctionnaires spécifiques – les maîtres des eaux et forêts – dès le XIVe siècle. Ajoutons que le monde de la forêt est loin d'être vide de tout habitant au Moyen Âge : c'est le lieu de vie des travailleurs des bois que sont les charbonniers et exploitants des mines, c'est aussi le repaire d'une population marginalisée ou encore un lieu de refuge en cas de troubles au village.

Mais le milieu naturel est également perçu comme le miroir de la Création. En ce sens, il constitue, lorsqu'il n'est pas domestiqué par la main de l'homme, un « désert », lieu de solitude et donc, par-là, espace par excellence de la rencontre avec Dieu. Ceci permet de comprendre l'état d'esprit des moines réformateurs du XIIe siècle, notamment des cisterciens, pour lesquels il ne peut y avoir d'autre installation possible qu'en dehors de tout espace déjà humanisé – au « désert », au sens mystique du terme, c'est-à-dire déserté par le Verbe.

La nature se fait ainsi espace initiatique, pour le moine – ou l'ermite – comme pour le chevalier : les romans de la Table Ronde, par exemple, mettent tous en scène un héros qui, pour acquérir les qualités attachées à son statut, doit au préalable traverser les épreuves de la solitude et les dangers du monde de la forêt.

Dès lors, la nature peut se révéler un monde angoissant, celui de la démesure et de la sauvagerie, de l'étrange et de l'extraordinaire au sens propre du terme. C'est le cas, notamment, du milieu marin qui cristallise, dès le haut Moyen Âge, l'imaginaire. La mer, c'est l'espace de la pérégrination, pour les saints irlandais du haut Moyen Âge, tel saint Colomban, mais aussi un espace initiatique, celui des premières épreuves sur le chemin de la sainteté.

Au XIIe siècle se développe un genre littéraire qui, sans être nouveau, va acquérir ses titres de gloire entre 1175 et 1275 : il s'agit d'une sorte d'encyclopédie, que l'on nomme « image du monde » (*imago mundi*). Témoins de ce que certains historiens ont appelé la « renaissance » du XIIe siècle, ces textes s'intéressent à la géographie du monde en tant que manifestation de la Création ; tout connaître du monde physique est donc, pour leurs auteurs, une manière d'approcher Dieu. L'une des plus célèbres de ces encyclopédies fut écrite par un clerc anglais, Gervais de Tilbury, au début du XIIIe siècle à l'intention de l'empereur du Saint-Empire romain germanique Otton IV. Ce sont les *Loisirs impériaux* (*Otia imperalia*) qui comportent un livre consacré aux « merveilles » que l'on peut trouver dans chaque province composant l'Empire. Ces « merveilles » ne sont autres que des phénomènes naturels qui étonnent et que l'on ne peut expliquer par les lois de la physique connues à cette époque, comme les volcans par exemple.

C'est ce même esprit, mêlant curiosité pour la nature, observation et crainte de Dieu, qui domine dans la relation des phénomènes météorologiques ou astronomiques exceptionnels et qui explique que, finalement, les hommes du Moyen Âge n'aient pas été « dominés » par la nature, perçue comme le domaine d'accomplissement du dessein divin, comme l'indique saint Augustin : « Nous ne devons pas avoir peur que les chrétiens soient plutôt ignorants en ce qui concerne la puissance et le nombre des éléments, le mouvement, l'ordre et les éclipses des corps célestes, la forme des cieux, les espèces et natures des animaux, des végétaux et des minéraux. »

« C'est au Moyen Âge que l'on assiste à la naissance des universités. »

Les universités médiévales ont depuis longtemps retenu l'attention des historiens, comme une des créations les plus originales de la civilisation occidentale de cette époque.

Jacques Verger, *Les Universités au Moyen Âge*, 1973

Dans la lignée des penseurs de la Renaissance, qui considéraient le système intellectuel, né des méthodes d'enseignement et de raisonnement en usage dans les écoles médiévales – ce que l'on nomme la scolastique –, comme sclérosant et archaïque, on a longtemps estimé (et décrié) la culture médiévale dans son ensemble à l'aune de ce seul critère subjectif : dans cette querelle opposant les Anciens aux Modernes, les « scolastiques » seraient, à l'aube du XVIe siècle, les tenants d'une démarche dépassée, trop abstraite, aux antipodes de la pensée moderne et humaniste.

Pourtant, la scolastique, en tant que méthode d'acquisition des connaissances et de transmission du savoir, marque véritablement un tournant dans l'histoire intellectuelle de l'Europe en fournissant aux penseurs les outils d'une analyse du monde. Elle est également l'élément qui permet de définir, dès l'époque médiévale, la figure de l'intellectuel.

L'origine de cette méthode se trouve dans les écoles urbaines qui fleurissent dès le XIIe siècle, encouragées par la papauté qui rappelle, dans l'un des canons du concile de Latran III, en 1179, l'obligation faite à chaque évêque d'entretenir une école cathédrale. Les clercs possèdent, en effet, le monopole de la délivrance de l'autorisation à transmettre un savoir, ou en d'autres termes à ouvrir une école, ce que l'on nomme la licence (*licentia docendi*). Ainsi, c'est grâce à l'autorisation épiscopale que le célèbre maître de dialectique Pierre Abélard put enseigner, sur les pentes de la montagne Sainte-Geneviève, dans le Paris des années 1120-30. L'action des papes qui, en autorisant la constitution de centres d'études (ce que l'on appelle un *studium generale*, c'est-à-dire un lieu où pourront être enseignées l'ensemble des matières composant les cycles universitaires) et en permettant à certains maîtres d'obtenir la *licentia ubique docendi*, qui désigne le droit à enseigner dans n'importe quel lieu de la chrétienté, a largement favorisé l'apparition des premières universités. Ces dernières ne doivent pas s'entendre comme un ensemble de bâtiments, mais réellement comme une institution, sans réalité physique particulière. Ainsi, contrairement à ce que l'on croit souvent, la Sorbonne, en tant que bâtiment, n'est pas l'ancêtre de l'université de Paris : le collège fondé en 1258 par un clerc de la chapelle royale, Robert de Sorbon, n'était, en effet, pas un lieu d'enseignement mais une sorte de « cité universitaire », destinée à accueillir et héberger une vingtaine d'étudiants en théologie. Il faut attendre le bas Moyen Âge pour que les collèges deviennent des lieux où est dispensé un enseignement ; or, à cette époque, l'université de Paris est déjà fondée depuis longtemps.

Les universités naissent, en effet, dès le début du XIIIe siècle (à Paris, Bologne ou Oxford, par exemple) de l'association, plus ou moins spontanée, des maîtres et des étudiants d'un lieu qui vont se doter de statuts – ratifiés par une autorité, voire directement donnés par la papauté, comme dans le cas de l'université de Paris, en 1215 – portant sur l'organisation du cursus, sa durée ainsi que le contenu des matières le composant. On fixe notamment le temps nécessaire à l'apprentissage de chaque matière (il est de 6 ans, par exemple, pour le *trivium**, que l'on peut étudier dès l'âge de 14 ans, mais de 15 ans pour la théologie), les modes d'obtention des grades universitaires (le baccalauréat et la licence qui confère le statut de maître), ainsi que l'ensemble des textes qui devront servir de référence. L'étudiant devra les connaître très précisément, dans leur sens littéral et grammatical (c'est l'objet du premier exercice universitaire, que l'on nomme la « lecture » – la *lectio* –), pour en dégager un certain nombre de « questions » (les *quaestiones*) consistant en autant de problèmes pouvant être résolus par l'argumentation logique (la *disputatio*). Car la base de tout savoir au Moyen Âge, on peut même dire de toute science, repose sur la démonstration appuyée sur la logique et considérée, de ce fait, comme infaillible.

Les matières sont regroupées en deux cycles formant, d'une part, les arts libéraux* que l'on distingue des trois facultés considérées comme supérieures, c'est-à-dire auxquelles on ne peut accéder sans avoir étudié, au préalable, les arts ou une partie d'entre eux, que sont la médecine, les droits civil et canon et la théologie. Les arts libéraux concernent sept matières, regroupées en deux ensembles, une division héritée du philosophe Boèce (480-524) : il s'agit du *trivium* (grammaire latine, rhétorique et logique) et du *quadrivium** (arithmétique, musique, géométrie et astronomie). Deux matières sont plus particulièrement sujettes à contrôle, de la part de la papauté notamment, en ce qu'elles peuvent éventuellement conduire à l'hérésie* selon le type de textes sur lequel se fonde leur enseignement. Il s'agit des arts libéraux portant sur ce que l'on nomme à l'époque la « philosophie naturelle », c'est-à-dire la connaissance du monde physique. Or, les traductions commentées des textes du philosophe antique Aristote sur le sujet, notamment celles dues à la plume du musulman Averroès, sont connues en Occident dès la fin du XIIe siècle. Celles-ci contiennent des éléments de réflexion concernant la physique ainsi que les lois de la nature qui peuvent être interprétées comme des pensées hérétiques. La théologie est également une matière qui retient l'attention des autorités. On l'apprend dans la Bible et sa glose, les textes patristiques (des Pères de l'Église), mais aussi les sommes théologiques, sorte de manuels résumant l'ensemble des connaissances en la matière, telle celle de saint Thomas d'Aquin rédigée dans les années 1270.

Le terme « université » revêt un sens très large au Moyen Âge, puisqu'il ne désigne pas uniquement l'association des maîtres et des étudiants mais toute communauté dotée de statuts. En ce sens, les universitaires, ou gens d'école comme on les nomme à l'époque (les *scolares*), forment un milieu à part entière, que l'historien Jacques Le Goff identifie aux premiers intellectuels. Les possesseurs du savoir et de sa transmission se considèrent, en effet, comme possédant une utilité sociale légitime. Les débouchés « professionnels », comme on dirait aujourd'hui, semblent a priori nombreux pour celui qui a fait des études supérieures, car il a acquis une réelle compétence en matière intellectuelle et technique : écriture (secrétaire, notaire, voire chancelier), enseignement (maître d'école ou maître d'université), tâches liées à la connaissance et au maniement du droit (juge, procureur, avocat, mais aussi fonctionnaire auprès d'un prince, de l'Église ou d'une communauté), sans parler de la prédication, pour les théologiens, et du soin des corps pour les médecins. L'intellectuel, c'est-à-dire celui qui fait profession de l'usage des connaissances et de la parole, n'est pas considéré comme un inutile dans la société du bas Moyen Âge ; et même plus : « l'idée d'une culture désintéressée, n'ayant d'autres fins que l'épanouissement de la personnalité et la jouissance pure du savoir pour lui-même, était étrangère aux intellectuels de ce temps » (J. Verger). Le prédicateur Jean Gerson ne dit pas autre chose, au début du XVe siècle : « Que vouldroit science sans operacion ? On ne aprent pas seulement pour scavoir, mais pour monstrer et ouvrer. » C'est, d'ailleurs, précisément cet aspect utilitaire de la culture savante, au détriment du plaisir et de l'esthétique, qui sera reproché aux gens du Moyen Âge par les penseurs de la Renaissance, même si le savoir et les grades universitaires seuls ne suffisent généralement pas à l'obtention de postes.

À la fin du Moyen Âge, les universitaires vont être mis à contribution par le pouvoir politique, non seulement par l'exercice de charges administratives mais, bel et bien, par leur participation à l'élaboration d'une idéologie souveraine. « L'université est un élément, un acteur et un lieu de la vie politique du Moyen Âge », écrit Alain de Libéra, spécialiste de philosophie médiévale. Cela explique que tous les puissants en Europe se soient, d'ailleurs, préoccupés de fonder des universités dans leur territoire, à l'image de l'empereur Frédéric II qui, dès 1224, instaure un centre d'études à Naples, orienté vers le droit. Celui-ci se trouvera revivifié à la fin du XIIIe siècle par les souverains angevins. En France, c'est avec le règne de Charles V, au milieu du XIVe siècle, que la faveur des universitaires se développe. On retrouve ce trait de mentalité ailleurs en Occident, comme dans l'Empire où, au début du XIVe siècle, Marsile de Padoue, ancien recteur de l'université de Paris puis vicaire impérial en Italie, rédige un traité politique – *Le Défenseur de la Paix* – en s'inspirant de la figure politique de l'empereur Louis de Bavière.

Du conseil à l'entrée directe en politique, il n'y avait qu'un pas qui fut franchi par l'université de Paris, au XVe siècle. Ainsi, lors des troubles liés à la guerre civile qui opposa Armagnacs et Bourguignons, après l'assassinat du duc d'Orléans commandité par son cousin, le duc de Bourgogne, Jean Sans Peur, l'université devient un instrument entre les mains du camp anglo-bourguignon qui occupe Paris dans les années 1420-30, servant de caution intellectuelle aux actes politiques, telle l'arrestation de Jeanne d'Arc.

L'université est, enfin, le lieu où s'élabore au bas Moyen Âge, grâce précisément aux méthodes de la scolastique, une véritable science du gouvernement, où se forment également les officiers* porteurs de l'idéal de réforme de l'État.

« Le Moyen Âge est l'époque des bâtisseurs de cathédrales. »

Les cathédrales de nos grands maîtres, dentelles de pierres aux immenses clochers, les monastères aux magnifiques sculptures, aux baies immenses, rutilantes de gemmes aux dessins colorés sont, évidemment, édifices de luxe.

Fernand Pouillon, *Les Pierres sauvages*, roman, 1964

La cathédrale représente le symbole de la ville médiévale et force l'admiration tant par les prouesses techniques sur lesquelles repose la construction de ces églises que par la beauté des édifices. Certaines, classées au Patrimoine mondial de l'humanité, sont considérées comme des chefs-d'œuvre de l'art médiéval, à l'image de celles de Chartres, de Reims ou de Strasbourg. Véritable chantier ouvert en plein cœur de la ville, la cathédrale doit, en premier lieu, son importance au rôle joué par l'évêque, dont elle représente le siège. Sa construction nécessite, également, la mobilisation de ressources venues de la campagne proche, sous la forme de matériaux de construction, tels le bois ou les pierres voire la brique, mais aussi de revenus financiers, les dîmes* perçues dans les villages formant la seigneurie de l'évêque ayant souvent permis d'alimenter les besoins du chantier. Ce dernier, placé sous la houlette de maîtres d'œuvre dont certains sont restés célèbres, emploie un nombre important d'artisans organisés en une stricte hiérarchie de métiers.

À la fin du XIe siècle, la papauté, prenant conscience des trop fortes imbrications existant entre le monde laïque et celui des clercs, décide de réformer l'Église. Ce mouvement, pris sur l'initiative du pape Grégoire VII qui lui a laissé son nom – la réforme grégorienne – conduit à exalter la figure et la mission de l'évêque, dont la fonction apparaît définie dès les premiers temps du christianisme. Son église, la cathédrale, devient ainsi bien vite la paroisse principale de la ville, celle des notables et des élites. Mais c'est aussi le symbole de la communauté, sa construction mobilisant, sous une forme ou sous une autre, énergies et ressources collectives. Ainsi, à Chartres, les vitraux qui ornent les baies de la cathédrale ont-ils été financés par les différents corps de métiers de la ville dont les gestes quotidiens ont servi de thèmes d'inspiration aux maîtres verriers.

L'évêque représente le principal maître d'œuvre d'une cathédrale, secondé par le chapitre* cathédral et son doyen. C'est, ainsi, sous son autorité que sont passés les contrats d'embauche avec les maîtres d'ouvrage qui dirigeront le chantier. L'évêque imprègne également sa marque par le style donné à la construction qui relève tout autant de sa responsabilité. Ainsi, en Angleterre, le chroniqueur Guillaume de Malmesbury rapporte, au début du XIIe siècle, comment l'évêque Roger de Salisbury, d'origine normande, importa sur l'île les techniques de construction de sa région, mises en œuvre lors de l'édification de la cathédrale de Salisbury : « Il fit bâtir à Malmesbury des édifices de grandes dimensions (...) dont l'appareillage avait été réalisé avec une telle précision que l'ajustement des pierres frappait le regard et donnait l'illusion que toute la maçonnerie ne constituait qu'une seule et unique pierre. Quant à l'église de Salisbury, il la fit rénover et enrichir d'une décoration telle qu'elle ne le cède à aucune autre en Angleterre. »

Les cathédrales des XIIe et XIIIe siècles témoignent également de l'évolution de l'architecture ecclésiastique, traduisant en termes de pierres ou de briques les élans de la spiritualité grégorienne. Ainsi l'art roman, apparu au cours du XIe siècle, permet-il la circulation des fidèles dans l'édifice par la présence d'un déambulatoire et l'ouverture des bras du transept. La ferveur du culte des saints se marque, également, par la multiplication des chapelles rayonnantes autour de l'abside. Les cathédrales gothiques, dont le style s'épanouit en Europe entre 1160 et les années 1280, se définissent elles aussi par des caractéristiques stylistiques propres : il s'agit de montrer de façon symbolique l'élan vers Dieu et la lumière que porte la réforme en élevant les murs de l'édifice jusqu'à des hauteurs vertigineuses, de permettre l'entrée à flots de la lumière diurne par le percement de fenêtres ornées de vitraux. Ces objectifs sont atteints grâce à la mise en œuvre de nouvelles techniques : l'arc brisé et la croisée d'ogives remplacent la voûte en berceau, les tribunes et les arcs-boutants extérieurs permettent de soutenir les murs. Malgré ces prouesses techniques on ne se trouve, cependant, pas à l'abri de quelques accidents, tel celui qui survint à Beauvais le 28 novembre 1284, lorsque la voûte du chœur s'écroula. Elle culminait, il est vrai, à quelque 48 mètres de hauteur, un record en même temps qu'une limite manifeste des capacités techniques de l'art gothique.

Le chantier d'une cathédrale est animé par un ensemble de métiers dont la plupart sont payés à la tâche ou à la journée. Au sommet de la hiérarchie des métiers concernés, on trouve l'architecte, ou maître d'ouvrage, chargé de trouver les voies pour traduire dans la pierre les désirs de celui qui l'a embauché. S'il n'existe pas de manuel de construction avant la fin du XVe siècle (le premier est dû à Mathieu Roriczer, maître d'œuvre de la cathédrale de Ratisbonne, et date de 1486), on connaît les techniques mises en œuvre au Moyen Âge grâce à un document exceptionnel : il s'agit de la série de dessins réalisés à partir des années 1220-1230 par Villard de Honnecourt, amateur curieux et éclairé, qui présente dans son ouvrage « des conseils de construction, de la maçonnerie, des engins de charpenterie, l'art de la portraiture, les dessins comme l'art de la géométrie ». Ces dessins n'ont, sans doute, pas été réalisés d'après l'observation directe mais sont reproduits à partir des documents de travail que les architectes ont pu lui fournir.

L'architecte est avant tout un expert de la pierre, tout comme les tailleurs de pierre dont la fonction est essentielle. La technique de la taille permet, en effet, d'ajuster les pierres et de rendre les joints invisibles. La beauté de l'édifice et la forte impression qu'il peut produire sur celui qui le contemple provient en grande partie de cet aspect lisse et net des murs. La maîtrise de la technicité du geste représente, de ce fait, la fierté du métier, chaque artisan apposant sa marque personnelle sur les pierres qu'il a travaillées. Les règles du métier sont apprises auprès d'un maître qui emploie, également, quelques salariés nommés compagnons. Pour devenir, à leur tour, maître, il leur faudra accomplir un chef-d'œuvre. La tradition du tour de France n'est cependant pas médiévale, de même que la franc-maçonnerie, qui se revendique des compagnons, n'est pas née non plus à cette époque : elle fut créée en Angleterre au début du XVIIIe siècle.

Ces hommes ne sont pas, contrairement à ce que l'on pourrait croire, uniquement issus de la ville. La recherche de carrières de pierre, dès le XIe siècle, peut, en effet, entraîner des coûts d'exploitation et de transport importants. Ainsi, les pierres utilisées pour la construction de la cathédrale de Cambrai provinrent, au début du XIe siècle, d'une carrière située à 10 km de la ville. Pour réduire les frais de transport, les pierres furent dégrossies, voire taillées directement en carrière, soit par des tailleurs venus de la ville, soit directement par les ruraux dont les fonctions et les statuts peuvent varier selon les saisons et la tâche accomplie. Ainsi, à Caron, près d'Avignon, les carriers, que le médiéviste Philippe Bernardi a étudié à partir de sources fiscales notamment, ne sont pas des citadins mais bien des artisans ruraux, paysans tout autant que tailleurs de pierre. Les carriers de Caron n'en ont pas moins fourni tous les grands chantiers de Carpentras au bas Moyen Âge.

Ainsi les cathédrales, symboles par excellence de l'emprise de l'Église sur la ville, n'auraient pu voir le jour sans l'étroite imbrication qui existe entre monde urbain et campagne. On peut même considérer qu'elles sont une conséquence directe de l'essor, tant démographique qu'économique, qui touche le monde rural à partir du XIe siècle.

Se débarrasser de ses a priori sur une période que l'on croit connaître parce que le langage courant en a détourné le nom pour désigner tout ce qui est suranné, voire décadent, tel était l'enjeu de cet ouvrage. C'est un exercice certes difficile, tant les idées reçues sur le Moyen Âge ont la vie dure depuis l'époque moderne, au grand désespoir des médiévistes qui enseignent et étudient avec passion cette période.

Car, enfin, est-il encore utile, aujourd'hui, de publier un livre concernant les idées reçues sur le Moyen Âge ? D'illustres médiévistes s'y sont déjà essayés, depuis une trentaine d'années, et la période est régulièrement réhabilitée, si l'on en croit les titres des revues de vulgarisation. Et pourtant, le Moyen Âge a toujours mauvaise réputation ! Il suffit, pour s'en convaincre, de faire un rapide sondage dans son entourage. Les émissions télévisuelles proposées par des chaînes culturelles considérées comme sérieuses, à l'image d'Arte, ne sont, elles-mêmes, pas toujours exemptes de poncifs.

Le problème est, en fait, d'ordre culturel : donner une fausse image du Moyen Âge, le décrire globalement comme une période sombre et barbare peut, certes, ne pas sembler prêter à conséquence ; après tout, il s'agit d'une période si éloignée dans le temps que personne ne peut s'en offusquer. Surtout, la plupart des poncifs qui traînent dans la mémoire collective remontent, on l'a vu, au XIXe siècle et font partie d'une culture nationale commune. En ce sens, ils sont bien plus les témoins d'une époque, fondamentale dans la construction de la République française et de ses idéaux, que connaissances véritables sur le Moyen Âge. Vue à travers le prisme de la Révolution française, sous la plume de Jules Michelet par exemple, des luttes entre royalistes et républicains, de la construction de la Nation, la période médiévale est ainsi devenue « lieu de mémoire », repoussoir pour les uns, creuset des valeurs traditionnelles pour les autres, construction idéologique pour tous, où l'on puise modèles et inspiration. À ce titre, la figure de Clovis, exaltée par l'Église de France en 1896, lors de la première commémoration officielle du baptême du Mérovingien, trouve son pendant, au XIXe siècle, dans celle de Jeanne d'Arc, tour à tour récupérée par les libéraux et les conservateurs. Au XXe siècle, grâce aux travaux de médiévistes de renom, tel Georges Duby, le Moyen Âge est devenu plus familier du grand public et de nombreux champs de son histoire, politique, culturelle, religieuse, sont désormais accessibles à tous. Si les débats idéologiques existent toujours, ils se sont policés et ne concernent plus que le petit monde des universitaires.

Cais c'est bien une société entière, ses fondements et ses dynamiques que l'on méconnaît de la sorte. La faculté de juger et d'interpréter appartient, il est vrai, à chacun, mais le travail de l'historien consiste, précisément, à fournir les outils nécessaires à la compréhension des faits et des structures sociales passés, à dire la « vérité », au sens de rendre intelligible le passé. Libre à chacun, ensuite, de se forger sa propre opinion, à condition, toutefois, de s'être au préalable suffisamment et correctement informé.

"

ANNEXES

Alleu: Terre soumise à aucune redevance ni charge seigneuriale.

Apostasie: Renoncement à la foi catholique.

Arts libéraux: Ensemble de sept matières formant le premier cycle des études supérieures. On distingue le *trivium* (grammaire, rhétorique, dialectique) du *quadrivium* (arithmétique, géométrie, astronomie, musique).

Banal: Relatif au ban d'origine publique, le pouvoir de commander, contraindre et punir).

Capitulaire: Texte de loi carolingien divisé en chapitres.

Chapitre: Groupe de chanoines. Le chapitre cathédral regroupe les chanoines attachés au service d'une cathédrale.

Comput: Calcul de la date des fêtes liturgiques mobiles, comme Pâques.

Dîme: Impôt d'1/10e payable à l'Église; obligatoire depuis 779.

Douaire: Dotation accordée par le fiancé à sa promise.

Eschatologie: Doctrine concernant la fin des temps et le sort ultime de l'homme.

Fabliau: Petite histoire satirique en langue vernaculaire. Le genre se développe au XIIIe siècle.

Glèbe: Champ cultivé, synonyme de « terre » dans l'expression « serf de la glèbe ».

Hérésie: Doctrine chrétienne jugée déviante par l'Église car non conforme au dogme établi par les conciles.

Inquisition: Tribunal ecclésiastique de lutte contre les hérésies* créé entre 1229 et 1232.

Millénarisme : Croyance en un règne terrestre eschatologique* du Messie censé devoir durer mille ans.

Officier : Fonctionnaire.

Ordonnance : Texte de loi de portée générale.

Orthodoxie : Au sens propre, ce qui est conforme à la foi « droite » ; à partir de 1054 l'adjectif « orthodoxe » désigne l'Église chrétienne orientale.

Quadrivium : voir Arts libéraux.

Roman : poème en langue romane.

Sacre : onction d'huile effectuée par un clerc, évêque ou pape, par laquelle un souverain acquiert un lien particulier avec Dieu.

Scriptorium : atelier de copie et de production de manuscrits d'un monastère.

Temporel : ensemble des biens immobiliers relevant d'un établissement ecclésiastique.

Tenure : parcelle de terre ou bâtiment loué à un tenancier par un seigneur. Le bail de location est perpétuel et porte mention du montant du loyer ainsi que des taxes de mutation.

Trivium : voir Arts libéraux.

Bibliographie

Pour une **première approche du Moyen Âge et de sa civilisation**, deux classiques très clairs et élégamment écrits : *La Société féodale* de M. Bloch (Paris, Le Seuil, 1968, dernière édition), *Histoire de la civilisation française* de G. Duby et R. Mandour (Paris, Armand Colin, collection U, 1968) ainsi qu'un petit essai très agréable et pertinent : *L'Idée de Moyen Âge. Entre sens commun et pratique historique* de G. Sergi (Paris, Flammarion, collection Champs, 2000).

On peut ensuite poursuivre par des **synthèses, illustrées** : *Le Monde médiéval*, R. Bartlett (dir.) (Paris, éditions du Rocher, 2002), *Le Moyen Âge en lumière*, J. Dalarun (dir.) (Paris, Fayard, 2002), *La Vie au Moyen Âge*, R. Delort (Paris, Le Seuil, 1982) ; ou **sans illustrations** : *La Civilisation féodale*, de J. Baschet (Paris, Aubier, 2004), *Introduction à l'histoire de l'Occident médiéval*, de C. Vincent (Paris, Le Livre de poche, 1995) ; ainsi que par des **dictionnaires encyclopédiques et atlas spécialisés** : *Dictionnaire du Moyen Âge*, C. Gauvard, A. de Libera, M. Zink (dir.) (Paris, PUF, 2002), *Dictionnaire raisonné de l'Occident médiéval*, J. Le Goff, J.-C. Schmitt (dir.) (Paris, Fayard, 2000), *Le Monde au Moyen Âge*, B. Merdrignac, P. Mérienne (Rennes, éditions Ouest-France, 2000).

Si l'on s'intéresse plus particulièrement à **l'histoire de France**, on consultera avec profit trois manuels récents *Histoire de la France : origines et premier essor 480-1180*, R. Le Jan (Paris, Hachette, 1996), *Histoire de la France (1180-XVe siècle)*, J. Kerhervé (Paris, Hachette, 1998), *La France au Moyen Âge*, C. Gauvard (Paris, PUF, collection Quadrige, 2004) ; ainsi qu'un essai sur **l'histoire politique** : *Le Moyen Âge. Le roi, l'Église, les grands, le peuple 481-1514*, P. Contamine (dir.) (Paris, Le Seuil, 2002).

Pour une approche des **mentalités médiévales**, quelques titres généraux : *Pour un autre Moyen Âge*, J. Le Goff (Paris,

Gallimard, 1977), *L'Homme médiéval*, J. Le Goff (Paris, Le Seuil collection Point-Histoire, 1989), *Mentalités médiévales*, H. Martin (Paris, PUF, collection Nouvelle Clio, 1996 (tome I) et 2003 (tome II)).

Sur les **aspects religieux**, on consultera : *Le Temps des cathédrales, l'art et la société, 980-1420*, G. Duby (Paris, Gallimard, 1995), *Les Fausses Terreurs de l'an Mil*, S. Gouguenheim (Paris, Picard, 1999), *Le Saint Lévrier*, J.-C. Schmitt (Paris, Flammarion, collection Champs, 2004), *La Spiritualité du Moyen Âge occidental* VIIIe-XIIIe *siècle*, A. Vauchez (Paris, Le Seuil, collection Point-Histoire, 1994).

Enfin, il existe nombre d'ouvrages sur les **thématiques** plus précises : sur les **sorcières**, *Fées, sorcières et loups-garous au Moyen Âge*, C. Lecouteux (Paris, Imago, 1992) ; sur les **universités**, *Les Universités au Moyen Âge*, J. Verger (Paris, PUF, collection Quadrige, 1999) ; sur la **culture savante**, *La Philosophie médiévale*, A. de Libera (Paris, PUF, collection Quadrige, 2004) ; sur la **courtoisie**, *Le Chevalier, la femme et le prêtre*, G. Duby (Paris, Hachette, 1981) et, du même auteur : *Dames du* XIIe *siècle* (Paris, Gallimard, 3 volumes, 1995-1996) ; sur les **cathédrales**, *Quand les cathédrales étaient peintes*, A. Erlande-Brandenburg (Paris, Gallimard, collection Découvertes, 1993).

Dans la même collection

Arts & Culture

L'Art contemporain, Isabelle de Maison Rouge
La Bande dessinée, Benoît Mouchard
La Chasse, Xavier Patier
Le Chocolat, Khaterine Khodorowsky & Hervé Robert (à paraître)
Le Cinéma, Michel Pascal
La Culture américaine, Adrien Lherm
La Mode, Gilles Fouchard (à paraître)
Noël, Martyne Perrot
La Science fiction, Stéphane Manfredo (à paraître)
Les Scouts, Jean-Jacques Gauthé (à paraître)
Les Surréalistes, Anne Egger
Le Vin, Jean-François Gautier
La Voile, Olivier Le Carrer (à paraître)

Économie & Société

Les Adolescents, Michel Fize
L'Adoption, Fanny Cohen-Herlem
Le Bac, Georges Solaux
Les Banlieues, Véronique Le Goaziou & Charles Rojzman
La Banque, Thierry Malandain (à paraître)
La Bourse, Thierry Malandain
Le Développement durable, Assen Slim (à paraître)
La Drogue, Bertrand Lebeau
Le Droit, Régine Dhoquois
L'École, Vincent Troger
La Famille, Michel Fize (à paraître)
Les Fonctionnaires, Luc Rouban
La Géographie, Sylvain Allemand (à paraître)
La Graphologie, Denise de Castilla
Les Homosexuels, Gonzague de Larocque
L'Intégration, Azouz Begag
Internet, Jacques Henno
Les Jeux vidéo, Jacques Henno
Les Journalistes, Élizabeth Martichoux
La Lecture, Jacques & Éliane Fijalkow
La Mafia, Thierry Cretin
Le Marketing, Brice Auckenthaler
Les Médiateurs, Jean-François Six
Les Militaires, Line Sourbier-Pinter
La Mondialisation, Jean-Claude Ruano-Borbalan & Sylvain Allemand
Les Patrons, Thierry Malandain
Les Pères, Fabrice Garau (à paraître)
La Prison, APERI
La Prostitution, Malika Nor
Les Retraites, Jean-Louis Guérin & Florence Legros
Le Sport, Michel Caillat
La Télévision, Isabelle Gougenheim & Yves d'Hérouville
Les Vacances, Jean-Didier Urbain
La Violence, Véronique Le Goaziou

Histoire & Civilisations

L'Amérique, Hélène Harter
Les Belges, Thomas Beaufils
Le Bouddhisme, Bernard Faure (à paraître)
La Chine, Stéphanie Balme
Les Corses, Philippe Franchini
L'Égypte pharaonique, Dimitri Laboury
L'Espagne, Aline Angoustures
L'Europe, Jean-Christophe Dallemagne (à paraître)
Les Femmes, Yannick Ripa
Les Francs-Maçons, Jean Moreau
L'Islam, Paul Balta
Le Japon, Philippe Pelletier (à paraître)
Jeanne d'Arc, Marie-Véronique Clin
Les Juifs, Victor Kuperminc
Le Loup, Sophie Bobbé
La Monarchie, Daniel de Montplaisir
Le Moyen-Âge, Laure Verdon
Napoléon, Thierry Lentz
Les Protestants, Sébastien Fath
La Religion, Lionel Obadia
Les Romains, Bertrand Lançon (à paraître)
La Russie, Jean-Louis Buer
Les Sorcières, Lionel Obadia (à paraître)
Les Vikings, Régis Boyer

Santé & Médecine

Les Allergies, Jean-Luc Ménardo & François-Bernard Michel
Anorexie - Boulimie, Jacques Maillet
Les Bébés, Mylène Hubin-Gayte
Le Cancer, Jacques Rouëssé
La Dépression, Bernard Granger
Les Gauchers, Marie-Alice Du Pasquier-Grall
Les Jumeaux, Muriel Decamps
La Mémoire, Jean Cambier
La Psychanalyse, Jean-Claude Liaudet
Le Sommeil, Michel Billiard
Les Surdoués, Jeanne Siaud-Facchin (à paraître)
La Thalassothérapie, Yves Tréguer
Vieillir, Christophe de Jaeger

Sciences & Techniques

Le Climat, Jean-Louis Fellous (à paraître)
L'Espace, Isabelle Sourbes-Verger (à paraître)
La Matière, Bernard Tyburce
Le Nucléaire, Pierre Tanguy
Le Pétrole, Gilles Rousselot
La Terre, Christophe Voisin
L'Univers, Jean-Pierre Verdet
Les Volcans, Jacques Durieux (à paraître)

Pour nous faire part de vos remarques,
critiques et suggestions,
être informé de l'actualité de la collection
et de la maison d'édition,
prolonger le dialogue avec les auteurs,

consultez notre site internet :
www.ideesrecues.net

ou écrivez à :
editorial@lecavalierbleu.com

Responsable éditorial : Marie-Laurence Dubray.
Remerciements de l'Éditeur à Maryse Claisse, Danielle Cohen, Olivier Martin, Anne-Marie Montandon.

Imprimé en France en août 2004 sur les presses de l'imprimerie Sagim Canale à Courtry 77181.

Diffusion : Harmonia Mundi.

© Le Cavalier Bleu, 31, rue de Bellefond, 75009 Paris.
ISBN 2-84670-049-4 / Dépôt légal : janvier 2003.
N° d'impression : 7799.